AF217838

Der **perfekte** Kakteenführer

Tony & Suzanne Mace

Der **perfekte** Kakteenführer

EDITION XXL

Erstveröffentlichung in Großbritannien 2006
unter dem Titel „Cactus – a comprehensive
guide to cultivation and care"
by Hamlyn Octopus,
part of Octopus Publishing Group Ltd,
2–4 Heron Quays, Docklands,
London E14 4JP

Copyright © 2006
Octopus Publishing Group Ltd
All rights reserved

Genehmigte Lizenzausgabe
EDITION XXL GmbH
Fränkisch-Crumbach 2006
www.edition-xxl.de

Übersetzung: Elisabeth Liebl

ISBN (13) 978-3-89736-256-7
ISBN (10)   3-89736-256-2

Inhalt

Einführung

Kakteen und Sukkulenten sind fremdartige Pflanzen, und dies nicht nur aufgrund ihrer leuchtenden, ungewöhnlichen Blüten, die zum Schönsten gehören, was diese Pflanzen zu bieten haben.

Auch ihre bizarren Formen ziehen uns an, ob es sich nun um klassisch gerippte Rundformen oder seltsam anmutende Säulen handelt. Kakteen und Sukkulenten können aussehen wie Kristallkelche, wie Fässer, wie Seegurken, wie ein Haifischgebiss. Sie können die Form eines Eselsohrs haben oder die eines Vogels. Einige Menschen haben sich in die so genannten „blühenden Steine" verliebt, die ihrer natürlichen Umgebung perfekt angepasst sind.

Dazu kommt noch ihr Bewuchs, der von dichter, weißer Behaarung bis hin zu bedrohlich aussehenden Dornen reichen kann. Darüber hinaus wachsen diese Pflanzen an recht ungewöhnlichen Orten. Sie sind für ihre Anpassungsfähigkeit an Standorte mit extremen Witterungsbedingungen bekannt, die ihnen erlaubt, an den abgelegensten Orten der Welt zu überleben.

All dies macht Kakteen und Sukkulenten zu Pflanzen, die ihre Anhänger nie enttäuschen. Sie haben eine eingefleischte Fangemeinde, die sich dem Hobby des Sammelns mit Hingabe und Begeisterung widmet. Sicher liegt dies auch daran, dass einige dieser Pflanzen so einfach zu kultivieren sind und keinen Fehler wirklich übel nehmen. Andere wiederum erfordern die erfahrene Hand des Kakteenfreundes. Alle aber bereiten ihren Besitzern Freude.

Dr. Tony Mace und Suzanne Mace

Rechts: *Morangaya pensilis* **ist ein recht ungewöhnlicher Kaktus, der an der Spitze der kalifornischen Halbinsel heimisch ist.**

Was sind Kakteen und Sukkulenten?

Was sind Kakteen und Sukkulenten?

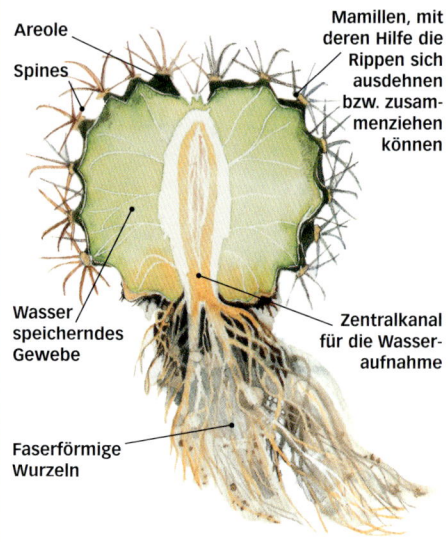

Areole

Spines

Mamillen, mit deren Hilfe die Rippen sich ausdehnen bzw. zusammenziehen können

Wasser speicherndes Gewebe

Zentralkanal für die Wasseraufnahme

Faserförmige Wurzeln

Oben: Querschnitt durch die innere Struktur eines Kaktus

Sukkulenten, von denen die Kakteen nur eine Familie sind, haben Methoden entwickelt, Wasser zu speichern, sodass sie in Zeiten der Trockenheit von den Reserven leben können, wenn andere Pflanzen verwelken und absterben.

Ihre merkwürdige äußere Form geht eben auf diese Anpassungsleistung zurück, denn zur Wasserspeicherung nutzen die Pflanzen entweder verdickte Blätter, Wurzeln oder einen ebenso verdickten Stamm. Andere Merkmale sorgen dafür, dass das Wasser nicht verloren gehen kann, was ebenso wichtig ist.

So sind die Zellen der Sukkulenten stärker auf den unterschiedlichen Wassergehalt eingestellt als die anderer Pflanzen. Auch die „Haut" der Sukkulenten ist häufig verdickt bzw. wird von einem dichten Haarkleid oder einem Wachsüberzug geschützt. Ihr dichtes Dornenkleid sorgt dafür, dass die Sonne nicht ungehindert einstrahlen kann, und bietet den Pflanzen auf diese Weise Schutz.

● Biochemische Unterschiede

Andere Unterschiede sind weniger offensichtlich. Die Biochemie der Sukkulenten beispielsweise funktioniert ganz anders als die gewöhnlicher Pflanzen.

Pflanzen produzieren ihre Nährstoffe durch Fotosynthese. Dabei werden aus Kohlendioxid und Wasser Zucker und Stärke gewonnen. Das Wasser wird durch die Wurzeln aufgenommen, während das Kohlendioxid durch winzige Öffnungen in den Blättern (Stomata) kommt. Dieser Prozess läuft tagsüber ab, wenn das Sonnenlicht der Pflanze genügend Energie schenkt. Zu dieser Zeit geht aber auch eine große Menge Wasser verloren, weil es durch die Blätter verdunstet wird. Für gewöhnliche Pflanzen ist dies nicht weiter von Bedeutung, denn sie können den Verlust ja jederzeit ersetzen.

Die Sukkulenten haben diesen Prozess ihren Bedürfnissen entsprechend abgeändert, sodass sie ihre Stomata tagsüber geschlossen halten können. Sie öffnen sie nur nachts. Daher nennt man die Fotosynthese der Sukkulenten CAM oder *Crassulacean Acid Metabolism*. Dabei wird das Kohlendioxid nachts aus der Umgebung aufgenommen und als organische Säure gespeichert. Tagsüber wird diese durch Fotosynthese in Zuckermoleküle verwandelt. Interessanterweise wussten die Heiler der Urvölker um diesen Prozess. Sie entdeckten, dass die Pflanzen im Laufe von 24 Stunden einen unterschiedlichen Geschmack aufweisen, weil sie einmal mehr, einmal weniger Säure enthalten.

Dieser veränderte Fotosynthesemechanismus hat Folgen für die Kakteenkultur: Sie funktioniert dann am besten, wenn es eine deutlich fühlbare Differenz zwischen Tag- und Nachttemperatur gibt. Daher kommen Sukkulenten vor allem dort vor, wo es extreme Temperaturschwankungen gibt, was erklärt, weshalb einige Züchter, in deren Ländern auch nachts hohe Temperaturen herrschen, Schwierigkeiten mit der Kultur bestimmter Sukkulenten haben.

Woher kommen Kakteen und Sukkulenten?

Kakteen kommen ausschließlich auf dem amerikanischen Kontinent vor, und zwar vom südlichen Kanada bis nach Patagonien. Die meisten Gattungen aber findet man zweifellos in Mexiko und in einigen der Andenländer. Kakteen wurden in großer Anzahl in Trockengebiete eingeführt, wodurch sie schnell Verbreitung fanden. In Australien zum Beispiel bekämpft man einzelne Kakteen bereits als „Unkraut".

Sukkulenten hingegen gibt es in vielen Teilen der Welt, doch auch hier finden sich die meisten Formen in Mexiko und Südamerika. Besonders gilt dies für die Andenländer, aber auch in Ostafrika, Arabien, Madagaskar und Indien kommen sie recht zahlreich vor. Besonders interessant ist die Sukkulentenpopulation kleiner Inseln wie zum Beispiel der Kanaren, denn dort entwickelte sich aufgrund der abgeschlossenen Lage eine ganz eigene Flora. Seltsamerweise finden sich in den Wüstengebieten Australiens eher wenige Sukkulenten (im Gegensatz zu den Kakteen), was möglicherweise daran liegt, dass die Trockenzeit zu lange und zu unkalkulierbar ist.

Sukkulentenfamilien

Sukkulenz, also die Fähigkeit zur Wasserspeicherung, kommt in vielen Pflanzenfamilien vor. Die bekannteste ist zweifellos die Familie der Kakteen *(Cactaceae)*. Die Bezeichnung „Kakteen und Sukkulenten" ist daher eigentlich nicht korrekt, denn Kakteen sind eine Untergruppe der Sukkulenten. Alle Kakteen sind Sukkulenten, auch wenn einige ursprüngliche Kakteenformen noch große, kaum sukkulente Blätter haben und normale Fotosynthese betreiben. Von den anderen Sukkulentenfamilien unterscheiden sich die Kakteen durch ihre Blüten und Samenstände.

Der einfachste Weg, um herauszufinden, ob Sie es mit einem Kaktus zu tun haben, ist die Suche nach etwas, was Botaniker *Areolen* nennen. An diesen Punkten wachsen neue Triebe, Blüten und Dornen. Sie unterscheiden sich von Art zu Art, doch meist sind die Areolen von ein wenig „Wolle" bzw. „Haar" umgeben. (Andere sukkulente Pflanzen wie die Euphorbien haben

Unten: Wuchsformen von sukkulenten Pflanzen

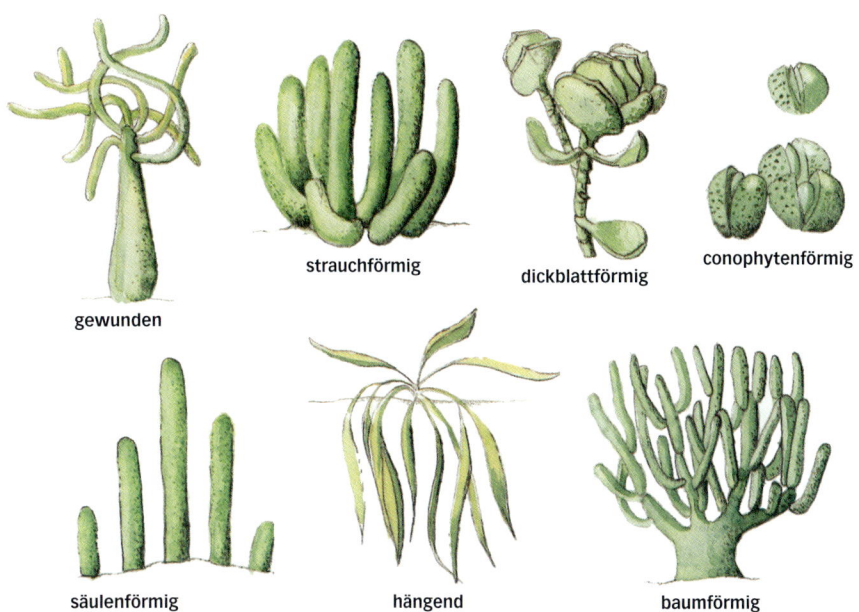

gewunden

strauchförmig

dickblattförmig

conophytenförmig

säulenförmig

hängend

baumförmig

Was sind Kakteen und Sukkulenten? 17

basal verzweigt

rasenartig kugelförmig

bogenförmig

Blattkakteen

kugelförmig

zylinderförmig

niederliegend

buschig verzweigt

rankenartig verzweigt

liegende Säulenform

verzweigt

echeverienförmig

haworthienförmig

kandelaberförmig

Oben: Weitere Wuchsformen von sukkulenten Pflanzen

18 **Was sind Kakteen und Sukkulenten?**

zwar Dornen, aber keine Areolen.) Es ist auch möglich, dass innerhalb einer Familie sukkulente und nicht-sukkulente Arten vorkommen. Typische Beispiele sind die Euphorbiengewächse und die Affodilgewächse.

Es gibt mindestens 2000 Arten von Kakteen und 20 000 Arten von Sukkulenten in anderen Pflanzenfamilien. Von all diesen Arten wird hier nur ein kleiner Teil vorgestellt, nämlich die Familien der *Agavaceae*, die *Aizoaceae, Asteraceae, Cactaceae, Crassulaceae, Dracenaceae* und die *Euphorbiaceae*.

Eigenarten im Wuchs

● **Cristationen**

Diese Sonderform im Wuchs kommt vor, wenn der Vegetationspunkt einer Pflanze sich mehrfach teilt. Aus mehreren Vegetationspunkten treibt Gewebe, das sich nicht mehr nur auf einen Trieb beschränkt. Diese „Hexenbesen" gibt es bei einer Reihe von Pflanzen. Unter Kakteen und anderen Sukkulentenfamilien sind sie recht verbreitet.

Die Triebspitze verbändert, dadurch winden sich die Cristaten bizarr. Einige Sammler spezialisieren sich gar auf Cristationen und suchen

Unten: *Opuntia chlorotica* in ihrer natürlichen Umgebung – der Sonora-Wüste

Oben: *Aloe plicatilis*. Diese unübliche Wuchsform der Aloe kommt aus Südafrika und wird am Ende zu einem kleinen Busch.

besonders seltsame Formen. Da die Cristaten schwer sind, neigen sie sich nach unten, was sie für Fäulnis anfällig macht. Daher pfropft man die Cristaten nicht selten auf eine stabile Unterlage auf, um den Vegetationspunkt von der Erde fern zu halten.

Was die Cristatbildung letztendlich verursacht, ist bis heute unbekannt. Cristationen sind nicht vererbbar. Man kann solche Pflanzen nur durch Stecklinge bzw. Pfröpflinge vermehren. Außerdem blühen Cristaten nur selten.

● **Monströse Formen**

Auch bei diesen kommt es zu Wuchsanomalien, doch hier teilen sich die Vegetationspunkte nicht nur einmal. Dies kommt vor allem bei den Cereus-Arten häufig vor. Bei einigen Opuntien kann aus jeder Areole ein Trieb wachsen. Häufig gibt es auch verdrehte, unregelmäßige Rippen. *Lophocereus schottii* weist zum Beispiel eine erhebliche Triebverkürzung mit Auflösung der Rippen in zahlreiche warzenförmige Gebilde auf.

Warum Kakteen und Sukkulenten?

Eine Pflanze wachsen zu sehen, erfüllt uns mit Staunen angesichts ihrer unglaublichen Schönheit. Das ist bei jeder Pflanze der Fall, Kakteen und Sukkulenten aber sind etwas ganz Besonderes.

● Tag für Tag ein kleines Wunder

Ihre exotische Herkunft, ihre ungewöhnlichen Farben und Formen erfreuen zuerst einmal das Auge. Dann aber werden wir neugierig. Wir blättern in Büchern und finden heraus, weshalb diese Pflanze unter unserer Pflege so gut gedeiht und warum sie in einer ganz bestimmten Weise auf Umwelteinflüsse reagiert.

● Die Herausforderung

Kakteen sind nicht wie andere Pflanzen, daher stellen sie für jeden, der sich ihnen widmen will, eine Herausforderung dar. Sollen sie auch unter ungünstigen Umständen gedeihen, müssen wir

Unten: *Mammillaria multidigita* hat einen kugelförmigen, rasenartigen Wuchs.

Oben: *Dudleya pachyphytum* stammt von einer Insel vor der kalifornischen Küste.

uns bestens informieren. Doch die Erfolgsaussichten sind gut und am Ende trägt auch dies zur persönlichen Befriedigung bei.

● Vorfreude

Langsam wachsende Kakteen und Sukkulenten brauchen mitunter viele Jahre, um heranzureifen. Diese Eigenart teilen sie mit nur wenigen anderen Pflanzen wie zum Beispiel Bonsaibäumen und manchen alpinen Gewächsen.
Wer Geduld beweist, kann das einzigartige Erlebnis genießen, einen Kaktus blühen zu sehen, den er dreißig Jahre lang gepflegt hat.

● Praktisch

Gerade für den modernen Menschen bieten Kakteen und Sukkulenten einige nicht von der Hand zu weisende praktische Vorteile. Man kann sie jederzeit für ein paar Wochen zurücklassen, wenn man in Urlaub fährt, ohne fürs

Gießen sorgen zu müssen. Kommt man dann nach Hause, sind sie keineswegs verschrumpelt und verwelkt wie andere Pflanzen.

Auch wenn Sie nur wenig Platz haben, sind Kakteen erste Wahl, vor allem, wenn Sie sich auf die kleinwüchsigen Arten konzentrieren. Denn auch hier bieten Kakteen eine so große Auswahl, dass Sie Mühe haben werden, Ihre Lieblingspflanzen zu finden.

● **Besonderheiten**

Die Unzahl von Kakteen und Sukkulenten macht es nötig, sich möglichst auf einen oder zwei Aspekte der Kakteenzucht zu konzentrieren. Der eine Kakteenfreund wird Spezialist fürs Pfropfen, der andere sammelt nur die Vertreter einer bestimmten Gattung. Wieder andere werden zu begeisterten Ausstellungsgängern und mühen sich, ihr Exemplar zu solcher Vollkommenheit heranzuziehen, dass es gar einen Preis gewinnt.

● **Ein neuer Blick**

Wer viel reist, wird als Kakteen- und Sukkulentenfan vermutlich bald jene Regionen besuchen, in denen die eigenen Lieblingspflanzen heranwachsen. Seine Lieblinge in ihrer natürlichen Umgebung zu sehen vertieft das eigene Verständnis ungemein. Vielleicht stoßen Sie dort sogar auf ein paar seltene Exemplare. Denken Sie jedoch daran, dass viele Länder rigide Ausfuhrbeschränkungen für Pflanzen und Pflanzenmaterial aus Wildwuchs haben. Auf diese Weise wird die Flora des Landes vor hemmungsloser Plünderung geschützt. Doch nichts hindert Sie daran, diese Prachtexemplare in ihrer natürlichen Umgebung zu fotografieren. Für Sukkulentenliebhaber gibt es sogar organisierte Reisen nach Nord- bzw. Südamerika.

● **Der „Kaktus-Verein"**

Jeder Fan ist auch Sachverständiger, und jeder Sachverständige braucht den Austausch mit „Artgenossen". Diese trifft man meist in Züchtervereinen. Dort finden Sie Gleichgesinnte, die Ihnen gerne mit Rat und Tat zur Seite stehen.

Mitunter werden auch Vorträge von Experten gehalten, denen Sie dann Fragen stellen können. Nicht selten geschieht dies im Rahmen einer größeren oder kleineren Ausstellung. Am Tag der offenen Tür führen die Mitglieder ihre Sammlungen vor. Auf diese Weise kann man – häufig sehr günstig – die eigene Kollektion vervollständigen. Sammler bringen meist auch Pflanzen zu kleineren Veranstaltungen mit. Natürlich besucht man auch gemeinsam größere Ausstellungen oder Kakteengärtnereien.

Viele Kakteen sind so langlebig, dass sie von Sammler zu Sammler weitergereicht werden. Dies geschieht vor allem, wenn Pflanzen zu groß werden oder von ihrem Besitzer aus Altersgründen nicht mehr richtig gepflegt werden können. Was aber fängt man mit einer so großen Pflanze an? Nun, man kultiviert sie und hat seine Freude daran. Kakteen sind nämlich höchst eigenartige lebende Wesen. Daher haben sie einen festen Platz im Herzen von tausenden von Sammlern erobert. Dieses Buch wird Ihnen helfen, erfolgreich eine Sammlung aufzubauen und zu pflegen.

Unten: *Aloe arborescens* ist eine der größten Arten und stammt aus Südafrika.

Kultur

Kultur

Der häufigste Fehler bei der Kakteenpflege ist, dass unerfahrene Kakteenfreunde vergessen, dass auch Sukkulenten Pflanzen sind und daher dieselben Anforderungen stellen wie andere Pflanzen: Wasser, Nährstoffe, Luft und Licht. Kakteen und Sukkulenten sind Anpassungskünstler, doch ohne diese vier Grundelemente können auch sie nicht existieren.

Weder Kakteen noch Sukkulenten wachsen in reinem Wüstensand ohne Berührung mit Wasser. Die meisten dieser Pflanzen stammen aus „semi-ariden" Regionen, also „Halbwüsten", wo es in der Regel für einige Monate im Jahr zu Regenfällen kommt und auch andere trockenheitsverträgliche Pflanzen wachsen.

Die Erde ist an solchen Orten meist eher humusarm, doch reich an mineralischen Nährstoffen. So muss sie nur gewässert werden, um aus ihr wertvolles Substrat zu machen. Kakteen und Sukkulenten gedeihen auch in wasserreicheren Gebieten, doch dort nutzen sie ihre Umgebung weniger effizient als ihre nicht trockenheitsverträglichen Artgenossen und werden daher bald von diesen verdrängt.

Viele der besonderen Merkmale von Kakteen und Sukkulenten sind dazu geeignet, Regen aufzunehmen und zu speichern, sodass die Pflanzen Trockenperioden gut überstehen können. Dazu gehören die häufig vorkommende Rippenstruktur, welche ihnen erlaubt, die Oberfläche nach Bedarf zu verkleinern oder zu vergrößern, sowie das weit verzweigte Wurzelsystem, das sehr schnell große Wassermengen aufsaugen kann.

Wo kultiviert man Sukkulenten am besten?

Kakteen und Sukkulenten sind bei Pflanzenfreunden sehr beliebt. Sie werden in vielen Ländern unter allen möglichen klimatischen Bedingungen gezogen. Sogar in Alaska und Singapur gibt es Kakteenzüchter.

● Als Zimmerpflanzen

Wenn Sie nur wenige Pflanzen besitzen, können Sie sie problemlos als Zimmerpflanzen ziehen, wobei sich nicht alle Sukkulenten gleichermaßen dafür eignen. Wenn Sie auf künstliches Licht zurückgreifen (siehe Seite 32), steigt die Anzahl der passenden Vertreter allerdings rapide an. Auch wenn Sie in einer Region mit harten, langen Wintern wohnen, sollten Sie sich für Ihre Sukkulenten künstliche Beleuchtung zulegen.

● Im Gewächshaus oder Wintergarten

In Klimazonen, in denen die Temperaturen im Winter kaum je unter $-10°$ Celsius fallen, ist ein freistehendes Gewächshaus bzw. ein Wintergarten eine gute Möglichkeit zur Kakteenkultivierung. Zwei- bzw. dreifache Wandplatten aus Polykarbonat, ein wesentlich besserer Dämmstoff als Glas, machen den Bau von Gewächshäusern heute leicht. Mehr dazu finden Sie auf Seite 33. Auch beheizbare Frühbeete können nützlich sein, vor allem, wenn man Kugelkakteen zieht. Nur wenige Sukkulenten können ohne Schutz in unserem Klima überleben und draußen angepflanzt werden. In sehr trockenen Gegenden sind mehr Kakteensorten winterhart. Auch in ungeheizten Häusern können Kakteen überwintern, wenn sie vor Nässe geschützt sind.

● Im Garten

Wo es nur selten zu Frost kommt, können Sukkulenten im Garten angepflanzt werden. Sollte es in dieser Region stark regnen, muss für guten Wasserabzug gesorgt werden. Eine andere Möglichkeit ist es, die Kakteen unter ein Dach zu setzen. In tropischen Gegenden dient dies gleichzeitig als Sonnendach für jene Arten, die gewöhnlich unter Sträuchern heranwachsen.

Rechts: Eine Kollektion von Kakteen und Sukkulenten auf einer sonnigen Fensterbank

Im Topf

Kakteen und Sukkulenten sind hervorragende Topfpflanzen. Fast alle Gefäße eignen sich dafür. Denken Sie an die spätere Größe und Form Ihrer Pflanze, denn Sukkulenten sind äußerst vielgestaltig. Miniaturausgaben von höchstens 1,25 cm Durchmesser können leicht auf eine Größe von 12 m heranwachsen und dann mehrere Tonnen wiegen.

● **Kleine Plastik- oder Tontöpfe**
Kleine Pflanzen, die häufig auf felsigem Untergrund wachsen, gedeihen in kleinen Töpfen, ob nun aus Ton oder Plastik, besser.

● **Flache Schalen**
Alle Pflanzen mit rasenartigem Wuchs brauchen flache Pflanzschalen, in denen sie ihre Wurzeln seitlich ausstrecken können.

● **Long Tom**
In England bezeichnet man besonders tiefe Töpfe als „Long Tom". Sie sind vor allem für

Oben: Eine Kollektion von Kakteen und Sukkulenten in Töpfen. So schmücken sie einen Wintergarten.

Pfahlwurzler geeignet. Im Gartencenter werden sie häufig als „Rosentöpfe" angeboten.

● **Kübel**
Wenn Ihre Kakteen heranwachsen, sollten Sie Ihnen auch Gefäße von passender Größe gönnen – wie Ihren Kübelpflanzen. Wenn sich das Wurzelwerk frei entwickeln kann, wird die Pflanze einen ordentlichen Wachstumsschub hinlegen.

● **Wasserabfluss**
Wer als Kakteenliebhaber zu den Einsteigern gehört, sollte seine Pflanzgefäße mit zahlreichen Abflusslöchern versehen. Ohne diese müssen Sie Ihren Sukkulenten genauso viel Wasser geben, wie diese verbrauchen. Auch sollten Sie nicht vergessen, dass kleine Gefäße schnell austrocknen. Dies muss unter anderem bei der Auswahl der Erde und beim Gießen berücksichtigt werden (siehe Seite 29).

Einige Kakteenarten, die aus sehr trockenen Gegenden stammen, sind besonders allergisch gegen „nasse Füße". Diese sollten Sie auf jeden Fall in porösen Tongefäßen ziehen, die schneller wieder abtrocknen. Dies ist vor allem bei größeren Pflanzgefäßen wichtig.

Oben: Ein kugelförmiger *Ferocactus chrysacanthus* in einer Tonschale

Links: Tontöpfe eignen sich besonders gut für Sukkulenten.

Erde

Welche Erde für die Kakteenkultur am besten ist, ist seit Jahren Gegenstand endloser Debatten. Was die Zusammensetzung der optimalen Erde angeht, gibt es mindestens so viele „Geheimrezepte" wie Züchter. Viele Kakteenfreunde haben über die Jahre hinweg mit verschiedenen Erdmischungen gearbeitet und gute Erfahrungen damit gemacht, vor allem, wenn es um die einfacher zu ziehenden Arten geht. Etliche Kakteen und Sukkulenten sind so langlebig, dass sie ohnehin über Jahre hinweg in derselben Erde stehen können.

● Die Funktion der Erde
Aus der Erde nehmen die Pflanzen Feuchtigkeit und Nährstoffe auf. Außerdem gibt sie den Sukkulenten Halt.

● Torf-Mischungen
Pflanzen aus dem Gartencenter wurden meist in torfbasierter Erde gezogen. In Torfmischungen wachsen junge Pflanzen nämlich besonders leicht an. Außerdem sind Torfmischungen leicht, lassen sich also leichter handhaben und transportieren. Dass Torfmischungen leicht sauer reagieren, ist für einige südamerikanische Arten wie Notocactus und Gymnocalycium sogar besonders förderlich.

Andererseits werden Nährstoffe in solchen Mischungen schnell aufgebraucht. Man sollte also regelmäßig flüssig nachdüngen. Der Dünger sollte einen hohen Gehalt an Kali (K) und Phosphor (P), jedoch wenig Stickstoff (N) enthalten. Eine Überdüngung mit Stickstoff regt die Pflanzen zu Wildwuchs an, was sie für Krankheiten und Schädlinge anfälliger macht und außerdem die Blütenbildung verzögert bzw. verhindert.

Für Epiphyten ist torfbasiertes Substrat besonders günstig. Dazu gehören die Epiphyllum-Arten und die Weihnachtskakteen (Schlumbergera). Einige Sukkulentenfreunde berichten, dass der Erde zugefügte Gel-Kristalle das Ergeb-

nis noch verbessern. Sie erhalten diese in Gartencentern und bei Versandgärtnereien.

Werden die Pflanzen nicht regelmäßig gewässert, kann dies bei Torfmischungen zum Problem werden. Sind sie erst einmal völlig ausgetrocknet, sind sie schwer wieder feucht zu kriegen. Dieses Problem lässt sich beheben, wenn man die Oberflächenspannung des Wassers durch Zugabe von einem kleinen Tropfen Spülmittel herabsetzt. Nach einigen Jahren aber neigt der Torf dazu, seine Struktur zu verlieren, wodurch sich auch die Struktur des Substrats verändert. Dieser Prozess ist für die Wurzeln von Kakteen schädlich, vor allem, wenn es um Arten aus Trockenzonen geht, die ohnehin schwer zu kultivieren sind. Daher sollte bei Pflanzen, die in Torfmischungen wachsen, die Erde regelmäßig erneuert werden.

Viele Gärtner lehnen Torfmischungen ohnehin ab, weil der Abbau von Torf der Umwelt schadet. Und es gibt ja zahlreiche Alternativen.

● Erdmischungen ohne Torf
Viele Kakteenfreunde nutzen Komposterde. Komposterde wird mit grobem Sand oder Kies gemischt, um den Wasserabzug zu verbessern. Dabei sollten Sie auf einen guten Lieferanten achten. Wichtig ist, dass die Komposterde Wasser und Nährstoffe halten kann, ohne zu verschlammen. Zu diesem Zweck mischt man am besten poröse Materialien wie Bimsstein oder Perlite unter.

Viele Erdmischungen enthalten außerdem Dünger, der länger vorhält als in Torfmischungen. So müssen Sie erst nach etwa sechs Monaten nachdüngen. Gute Ergebnisse erzielt man auch mit Langzeitdünger, der unter die Erde gemischt wird. Langzeitdünger hält in Kakteen- bzw. Sukkulentenerde noch länger als üblich, weil die Pflanzen die Nährstoffe nicht so schnell aufnehmen wie einjährige Gartenpflanzen. Sie wachsen nun einmal nicht so schnell und müssen daher auch nicht so häufig gewässert werden. Langzeitdünger in Kakteenerde hält bis zu 18 Monate. Pflanzen, die lange Zeit in einem bestimmten Substrat stehen, entwickeln

Oben: Xerophythe Kakteen aus reinen Trockenge-
bieten zeigen sehr schnell, wenn sie am Austrocknen sind.

möglicherweise einen Mangel an bestimmten
Spurenelementen. Das merkt man, wenn es zur
Chlorose kommt, zum Ausbleichen grüner Pflanzenteile, oder wenn die Pflanze zu schwach
wächst. Sie können dies verhindern, wenn Sie
hin und wieder einen Dünger geben, in dem
Spurenelemente wie Calcium und Eisen enthalten sind.

Einige Sukkulenten wie zum Beispiel die
Mesembryanthemum-Arten stehen in ihrer
natürlichen Umgebung in einem feinkörnigen,
tonähnlichen und recht kompakten Substrat. Sie
wachsen in torfbasierten Mischungen so gut
wie gar nicht und sollten daher auf jeden Fall in
Komposterde gepflanzt werden.

Unten: So können Sie Kakteen und
Sukkulenten gießen.

● Hydrokultur

Erstaunlicherweise lassen Kakteen sich sogar in
Hydrokultur ziehen. Doch da ihnen dabei der
Halt fehlt, den die Erde ihnen gibt, sollten Sie
sich auf dieses Abenteuer nur einlassen, wenn
Ihnen jemand mit fachkundigem Rat zur Seite
steht.

Wässern

Eine der am schwierigsten zu beantwortenden
Fragen ist gleichzeitig die am häufigsten
gestellte: Wie oft soll ich meine Sukkulenten
wässern? Da Sukkulenten und Kakteen bei Was-
sermangel nicht wie andere Pflanzen zu welken
anfangen, gibt es keine äußeren Anzeichen für
den richtigen Zeitpunkt. Außerdem hängt das
Wässern von allen möglichen Faktoren ab wie
Außentemperatur, Größe des Topfes, Erdmischung, Wuchskraft und Pflanzentyp. Daher gibt
es für Kakteen keine einfache Formel wie „einmal die Woche".

Im Allgemeinen sollte die Kakteenerde zwischen dem Wässern immer mal wieder völlig
durchtrocknen. Steht die Pflanze in einem kleinen Topf in einem heißen Gewächshaus,

Oben: Zu viel Wasser lässt die Epidermis der Kakteen reißen. Am Ende verfaulen die Pflanzen.

geschieht dies ohnehin jeden Tag. Bei großen Pflanzen in entsprechenden Töpfen, die noch dazu in einer kühleren Umgebung stehen, kann es genügen, wenn sie alle drei bis vier Wochen gewässert werden. Daher ist es so wichtig, dass die Kakteenerde für einen guten Wasserabfluss sorgt. Nur so ist sichergestellt, dass die Pflanzen nicht zu viel Wasser bekommen.

- **Was beim Wässern wichtig ist!**
- Kleine Töpfe trocknen schneller aus als große.
- Unglasierte Tontöpfe trocknen schneller aus als glasierte bzw. Plastiktöpfe.
- Pflanzen in der Wachstumsphase brauchen mehr Wasser.
- Pflanzen aus heißen Regionen mit wenig Niederschlag trocknen schneller aus als solche aus kühleren, feuchteren Gegenden. (Dasselbe gilt für Pflanzen in zentral beheizten Räumen.)
- Sukkulenten mit vielen Blättern brauchen mehr Wasser als Arten ohne Blätter.

- Viele Kakteen und Sukkulenten haben eine lange Ruhephase, wie unsere Flora sie in den dunklen, kalten Wintermonaten einlegt. Pflanzen von der südlichen Halbkugel allerdings haben ihre Wachstumsphase weiterhin im Winter, auch wenn sie nun auf der Nordhalbkugel kultiviert werden.
- Wenn die Pflanze nicht genug Wasser hat, stellt sie das Wachstum ein. Wenn sie zu viel bekommt, verfault sie. Im Zweifelsfall wässert man also lieber zu wenig als zu viel. Da kleine Töpfe ohnehin schnell austrocknen, kann man sie auf ein Kiesbett stellen.
- Wenn die Gefäße zu lange nass bleiben, sollte man für mehr Wärme sorgen. So sinkt die relative Feuchtigkeit und die Pflanze wird zum Wachstum angeregt.

Einige Kakteenliebhaber achten darauf, dass beim Wässern kein Wasser an den Stamm kommt. Dies ist vor allem bei ungünstigen Wachstumsbedingungen gut, in der Wachstumsphase aber nicht unbedingt nötig. Im Gewächshaus können Sie ruhig hin und wieder mit dem Schlauch spritzen, damit alles einmal richtig durchgewässert wird. Auf diese Weise befreien Sie die Pflanzen auch von Staub und Spinnweben. Für einige Arten ist das Wässern mithilfe von Sprühsystemen förderlich. Dazu gehören die Copiapoa-Arten, die in ihrer natürlichen Umgebung in Chile die meiste Feuchtigkeit vom Küstennebel aufnehmen.

Umtopfen

● **Wann topft man um?**

Die Erde im Topf ist früher oder später ausge-
laugt und muss ersetzt werden. Manche Pflanzen brauchen auch ein größeres Gefäß. Wenn
eine Ihrer Pflanzen Probleme macht, sollten Sie
sie umtopfen, um sie einmal richtig inspizieren
zu können.

● **Wie man Kakteen umtopft**

Kakteen umzutopfen ist gar nicht so einfach,
weil sich die Dornen häufig auch durch Hand-
schuhe nicht beeindrucken lassen.

● **Tipps**

• Halten Sie die Pflanze am Wurzelansatz, wo es
  wenige oder nur schwache Dornen gibt.
• Halten Sie die Pflanze am Wurzelballen, wenn
  dieser gut entwickelt ist.
• Pflanzen mit großen, kräftigen Dornen können
  Sie auch an den Dornen halten.
• Pflanzen mit vielen gleichförmigen Dornen
  sollte man so halten, dass sich der Druck auf
  eine größere Fläche verteilt (das Nagelbett-
  Prinzip).
• Größere Pflanzen sollten Sie mithilfe einer
  Zeitung nehmen bzw. halten.
• Verwenden Sie große Holzzangen.

• Sehr große, schwere und stachelige Pflanzen
  sollten Sie mit Schaumstoff umwickeln.
Gewöhnlich sind Sukkulenten beim Umtopfen
weniger problematisch als Kakteen.

● **Achtung!**

• Passen Sie besonders auf bei „Angelhaken-
  Dornen". In ihnen kann man sich böse verfangen.
• Die bärtigen Dornen der Opuntien sind schwer
  zu entfernen. Am besten überkleben Sie die
  Haut mit Tesafilm und ziehen diesen dann ab.
  So bleibt der Großteil der kleinen Dornen hängen.
• Der Pflanzensaft der Euphorbien kann Entzündungen und Hautreizungen auslösen. Sofort
  mit kaltem Wasser abwaschen und zum Arzt
  gehen.

Unten:

1 Eine Mammillaria in einem 9-cm-Topf, die drin-
  gend umgetopft werden muss.

2 Lassen Sie die Pflanze in Ihre Handfläche oder
  auf ein Stück Zeitungspapier gleiten. Untersu-
  chen Sie die Wurzeln auf Schäden.

3 Nehmen Sie einen etwas
  größeren Topf (circa 2,5 cm mehr Durchmesser).
  Bedecken Sie dessen Boden mit einer Drainage-
  schicht (Kies, Blähton oder Tontopfscherben), füllen Sie mit ein wenig Erde auf. Pflanze darauf
  setzen und Lücken mit Erde füllen.

4 Oberfläche mit Aquariumkies bedecken. Eine
  Woche nach dem Umtopfen nicht wässern.

Zimmerpflanzenkultur

Einige Pflanzen eignen sich für die Zimmerpflanzenkultur ganz besonders. Mitunter wachsen sie in der Wohnung sogar besser als im Gewächshaus. Bestes Beispiel sind die epiphyten Kakteen. Zu ihnen gehören Hoyas, Ceropegien und Sanseverien. Andere Pflanzen wachsen in der Wohnung zumindest genauso gut wie im Gewächshaus, zum Beispiel die Rebutia-, Notocactus- und Gymnocalycium-Arten, aber auch einige Mamillarien, Aloen, Haworthien, Stapelien und Dickblattgewächse. Auch die Blatt-Euphorbien fühlen sich im Haus wohl.

Wo strenge Winter herrschen, haben Sie ohnehin nur die Wahl, Ihre Sukkulenten im Haus zu halten. Viele Züchter in Osteuropa nutzen ihre Gewächshäuser nur im Sommer, denn sie zu heizen ist teuer, manchmal auch gar nicht praktikabel. Im Winter nehmen sie die Pflanzen aus dem Topf und bewahren sie – in eine Zeitung gewickelt – in einem kühlen, trockenen Keller auf. Diese Überwinterungstechnik ist erstaunlich effektiv.

● Kunstlicht

Mit der richtigen Beleuchtung können Sie fast jede Pflanze im Haus ziehen. Eine Ausnahme bilden hier nur die größeren Arten, weil es schwierig ist, sie richtig unterzubringen und für ausreichend Licht zu sorgen.

Kunstlicht bei der Pflanzenzucht ist ein Thema, das ein eigenes Buch verlangen würde. Daher wollen wir hier nur ein paar grundlegende Tipps geben. Pflanzen brauchen Licht einer bestimmten Wellenlänge, welche das von Ihnen verwendete Kunstlicht zur Verfügung stellen muss.

● Glühbirnen

Normale Glühbirnen liefern nur wenig Licht der richtigen Farbe, weil sie „zu rot" sind. Daher sind sie für die Pflanzenzucht mehr oder weniger nutzlos.

Oben: Zu wenig Licht führt zu übermäßigem Längenwachstum, schwacher Farbe, schwachen Dornen und fehlender Blühwilligkeit.

● Leuchtstofflampen

Dies ist die für die Pflanzenzucht am häufigsten verwendete Art von Kunstlicht. Es gibt viele verschiedene Arten von Leuchtstofflampen, einige jedoch wurden speziell für die Pflanzenzucht geschaffen. Ihr Licht hat – in der Lichtfarbe „Kaltweiß" – einen höheren Blau-Anteil, der die Fotosynthese fördert. Auch Aquariumslampen geben Licht der richtigen Wellenlänge ab. Diese Lampen sind vergleichsweise billig, doch der Leuchtstoff im Innern der Glasröhren zersetzt sich häufig schon nach etwa sechs Monaten.

Um den Sukkulenten genügend Licht zukommen zu lassen, sollten Sie die Leuchtstoffröhren nah aneinander montieren. Auch gute Reflektoren sind wichtig, damit die Pflanzen ein Maximum an Licht erhalten. Achten Sie darauf, wie viel Wärme Ihre Lampen erzeugen, denn der Starter und die Vorschaltdrossel erwärmen sich durchaus, was den Kakteen nicht gut tut. Am besten lassen Sie die Einstrahldauer von einer Vorschaltuhr regeln. Da die in den Baumärkten angebotenen Leuchtstoffröhren gewöhnlich von der richtigen Lichtfarbe sind, können Sie Ihren Kakteen dort relativ preiswert Winterlicht besorgen. Auch die Stromkosten halten sich so in Grenzen.

Metalldampflampen

Sie werden eingesetzt, wenn Pflanzen mehr Tageslicht brauchen. Professionelle Züchter ziehen sie vor, weil sie aus derselben Menge Energie mehr Licht gewinnen. Die Ausrüstung mit Metalldampflampen ist teuer, kann sich jedoch auf Dauer bezahlt machen.

Wässern

Vergessen Sie nicht, dass die Luft im Haus wärmer und trockener ist als im Gewächshaus. Sie müssen häufiger gießen, vor allem im Winter.

Gewächshäuser und Wintergärten

Viele Kakteen und Sukkulenten fühlen sich im Gewächshaus wohl, weil es ihnen vergleichsweise viel natürliches Licht schenkt und trotzdem für genug Wärme gesorgt ist.

Geheizte Gewächshäuser

Ein Gewächshaus ist in gewisser Hinsicht der ideale Ort für die Kakteenzucht, weil Sie dort die Umweltbedingungen kontrollieren können. Es ist daher enorm wichtig, sich über den Standort und die Konstruktion Ihres Gewächshauses schon vor dem Bau Gedanken zu machen.

Größe

Die meisten Sammler haben kleine Gewächshäuser von 3 x 2 Meter Grundfläche. Diese werden häufig überheizt. Außerdem kann die Luft dort nicht richtig zirkulieren. Doch der moderne Garten lässt – vor allem in Europa – meist keine andere Wahl. Für Kakteen aber gilt: Man kann auch auf kleinstem Raum eine interessante Sammlung anlegen. Wenn der Platz in Ihrem Gewächshaus knapp bemessen ist, sollten Sie Sukkulenten wählen, die klein bleiben. Viele Kakteen kommen über einen Durchmesser von acht Zentimetern nicht hinaus.

Oben: Kakteen und Sukkulenten in einem Gewächshaus mit Regalen aus Aluminium und einem Betonboden. Für Licht, Wärme und Belüftung ist gesorgt.

Lage

Wählen Sie den Standort aus, bevor Sie das Gewächshaus kaufen. Denken Sie daran, dass man ein Gewächshaus möglichst in der Ost-West-Achse aufstellt, weil diese mehr Licht bietet als eine Nord-Süd-Ausrichtung.

Sockel

Auch der Sockel Ihres Gewächshauses will gut überlegt sein. Am besten ist Beton, weil er die Feuchtigkeit unten hält, die Lichtintensität aber nicht mindert. Verankern Sie Ihr Gewächshaus gut und sichern Sie die Bodenpfosten durch ein oder zwei Lagen Ziegel. Die Erde unbedeckt zu lassen sorgt für mehr Feuchtigkeit. Schnecken, Maulwürfe, Mäuse und andere Erdbewohner können eindringen. Wenn Sie keine Bodenplatte wollen, sollten Sie sich überlegen, mit Betonfliesenplatten zu arbeiten. Natürlich ist das Gewächshaus auch damit nicht dicht abgeschlossen.

Oben: Kaktus mit Kälteschaden

● Pflanzenpräsentation

Sobald Sie die Größe festgelegt haben, sollten Sie sich überlegen, wie Sie die Pflanzen im Gewächshaus präsentieren wollen. Regale mit Brettern auf verschiedenen Höhen erlauben Ihnen auf die Bedürfnisse der einzelnen Pflanzen einzugehen.

Achten Sie darauf, dass die Pflanzen möglichst erreichbar stehen und nicht ständig bewegt werden müssen. Wenn Sie nicht mehr genug Platz haben, sollten Sie Hängeborde in Betracht ziehen.

Wir haben einmal eine ziemlich beeindruckende Kakteensammlung in einem Gewächshaus gesehen, fanden aber nicht heraus, wie man die Pflanzen besichtigen konnte, denn jeder Zentimeter Bodenfläche war mit Regalen voll gestellt. Wie schaffte der Besitzer es nur, sie zu pflegen? Nahm er das Glas heraus und arbeitete von oben? Schließlich stellte sich heraus, dass die unterste Reihe der Pflanzen auf fahrbaren Regalen stand, die jedes Mal herausgezogen wurden, wenn der Besitzer das Gewächshaus betrat, und später wieder hineingeschoben werden mussten!

● Belüftung

Ist das Gewächshaus eher klein, wächst sich die Belüftung unter Umständen zum Problem aus, denn kleine Glashäuser heizen sich enorm schnell auf.

Daher sind die im Handel erhältlichen, fertigen Gewächshäuser für Kakteen und Sukkulenten häufig nicht geeignet. Vielleicht können Sie ja extra Lüftungsfenster einbauen. Auch ein Abluftventilator leistet hier gute Dienste.

Im Gewächshaus sollte die Temperatur nach Möglichkeit nicht über 40° Celsius steigen, denn dann legen die Pflanzen eine Ruhephase ein, auch wenn ihnen die erhöhte Temperatur nicht schadet. Im Normalfall gelingt dies, wenn man für ausreichende Belüftung sorgt und gelegentlich einen Ventilator laufen lässt. Leben Sie jedoch in einer Gegend mit sehr heißen Sommern, sollten Sie für Beschattungsvorrichtungen sorgen.

● Heizen

Die meisten Kakteenliebhaber bauen im Gewächshaus eine Heizung für ihre Prachtstücke ein.

● Elektrische Heizung

Dies ist bei weitem die einfachste Möglichkeit. Elektro-Heizgeräte verfügen über einigermaßen genaue Thermostate, mit denen man die Temperatur regulieren und so die Kosten gering halten kann. Anders als bei Gas- oder Kerosinheizung wird auch keine Feuchtigkeit an die Luft abgegeben.

● Gasheizung

Nutzen Sie ein Propangas-Gerät, so müssen Sie stets für gute Belüftung sorgen, damit das Gerät genügend Sauerstoff erhält.

● Kerosin-Geräte

Auch hier müssen Sie für ausreichende Belüftung sorgen. Trotzdem kann es zu erheblicher Rußentwicklung kommen. Sorgen Sie daher für mehr Luftfeuchtigkeit. Einige Blattkakteen reagieren allergisch auf die Schwefelbestandteile im Ruß.

● Bodenheizkabel oder Heizmatten

Wenn Sie nur wenige Pflanzen haben, können Sie sich auch mit Heizmatten behelfen. Bodenheizkabel sind vor allem im Frühbeet gut, weil die erhöhten Temperaturen im Wurzelbereich für besseres Wachstum sorgen.

● Wärmedämmung

Wärmedämmung ist vor allem für kleinere Gewächshäuser wichtig. Größere sind ohnehin temperaturstabiler. Sie heizen sich nicht so schnell auf und kühlen auch nicht so leicht aus.

● Noppenfolie

Wenn Sie Ihr Gewächshaus vor Winterkälte schützen wollen, können Sie es in Noppenfolie einwickeln, die Sie im Gartencenter erhalten. Allerdings sollten Sie nicht vergessen, dass Noppenfolie einige Probleme birgt: Sie reduziert die Belüftung und den Lichteinfall. Außerdem kann die Kondensationsflüssigkeit nicht entweichen.

● Polykarbonat-Platten

Wenn es in Ihrer Gegend sehr kalte Winter gibt, sollten Sie Ihr Gewächshaus mit zusätzlichen Polykarbonat-Platten schützen. Obwohl die dickeren Varianten recht teuer sind, lohnt die Ausgabe. Die Platten halten lange und reduzieren die Heizkosten enorm.

● Wintergärten

Viele Menschen verfügen über einen idealen Platz für die Kakteenzucht: einen sonnigen Wintergarten am Haus. Sukkulenten sind die ideale Bepflanzung für lichte Bauten, in denen es anderen Pflanzen oft zu heiß und zu trocken ist.

Ein Problem allerdings kann sich ergeben: fehlende Belüftung. Wenn Sie den Wintergarten erst bauen, können Sie für entsprechende Vorrichtungen sorgen. Für bereits bestehende Wintergärten ist häufig der Einbau eines Ventilators die beste Lösung. Als Präsentationsobjekt eignet sich eine Blumenbank mit Einsatzwanne, die Sie zum Beispiel mit Blähton füllen können. Er hält das Wasser zurück.

Schaffen Sie natürlich aussehende Pflanzenarrangements in Ihrem Wintergarten, sodass auch große Pflanzen sich entsprechend entwickeln können.

Erhalten Sie in Ihrem Wintergarten öfter Besuch von Kindern oder Tieren, sollten Sie sich auf die weniger stacheligen Sorten der Sukkulenten beschränken.

● Unbeheizte Gewächshäuser

Natürlich ist die Anzahl jener Arten, die sich in einem unbeheizten Gewächshaus wohl fühlen, begrenzt. Sukkulente Pflanzen aus Ost- und Westafrika, dem südlichen Mexiko, den Westindischen Inseln, Venezuela und Brasilien sowie der arabischen Halbinsel sollten Sie in diesem Falle besser meiden, da diese Temperaturen unter 7° Celsius nur begrenzt aushalten.

Zu den besten Sorten für unbeheizte Gewächshäuser gehören Kugelkakteen wie die Echinocereus- und Lobivia-Arten. Unter den Sukkulenten haben sich vor allem einige Agaven-Arten als winterfest erwiesen. *Agave americana* zum Beispiel kann noch bei einer Dauertemperatur von 5° Celsius überleben, die meisten Arten ziehen allerdings eine Mindesttemperatur von 10° Celsius vor. Einige südafrikanische Sukkulenten überstehen kurzfristig sogar Temperaturen unter dem Gefrierpunkt.

● Frühbeete

Auch im Frühbeet lassen sich Sukkulenten gut ziehen, allerdings nur die kleinwüchsigeren Sorten. Ein Frühbeet ist ein Rahmen mit einem verglasten Dach. Um im Winter die nötigen

Oben: Sonneneinstrahlung in einem Frühbeet

Mindesttemperaturen zu halten, können Sie eine Heizmatte unterlegen. Achten Sie darauf, dass das Dach des Frühbeetes im Sommer abgehoben werden kann, damit Ihre Pflanzen ein Maximum an Luft und Licht erhalten. Frühbeete sind in Kontinentaleuropa übrigens weiter verbreitet als in Großbritannien oder den USA.

Was heißt „Winterhärte"?

Als Winterhärte bezeichnet man die Fähigkeit einer Pflanze, im Freiland niedrige Temperaturen bzw. Frost zu überstehen.

Viele Kakteen und einige Sukkulenten sind in ihrer natürlichen Umgebung mitunter recht niedrigen Temperaturen ausgesetzt. Dies kommt vor allem bei Pflanzen vor, die aus Gegenden hoch im Norden bzw. tief im Süden oder einfach aus Höhenlagen stammen. Pflanzen aus solchen Extremlagen zeigen sich unter den meisten Witterungsbedingungen winterfest, da sie normalerweise längere Phasen schlechten Wetters

gewöhnt sind. Gerade Pflanzen aus Höhenlagen erfahren starke Temperaturschwankungen: Sehr kalte Nächte wechseln mit intensiver Sonneneinstrahlung tagsüber ab. Natürlich lässt sich so etwas in der Pflanzenkultur nicht nachstellen. Um Enttäuschungen zu vermeiden, sollten Sie sich vorher klar machen, dass die Winterhärte einer Pflanze nicht nur von den lokalen Außentemperaturen abhängt, sondern auch vom Regen, von der Dicke der Schneedecke und der Sonneneinstrahlung im Winter.

Winterharte Sukkulenten

Einige Sukkulenten werden als winterharte Pflanzen gezogen, da sie auch extreme Bedingungen tolerieren.

● **Sempervivum (Hauswurz)**
Die Sempervivum-Arten sind alpine Pflanzen, die immer dann gedeihen, wenn sie auf steiniger Erde mit gutem Wasserabfluss stehen.

Oben: Die *Agave huachucensis* kommt aus Mexiko. Ihre blauen Blätter sind von dunkelbraunen, fast schwarzen Spitzen und Dornen gekrönt.

Oben: *Opuntia eriacea* besitzt ein dichtes, langes Kleid aus weißen Dornen. Einige Sorten blühen rosafarben oder gelb.

Diese attraktiven Sukkulenten sind zu Recht sehr beliebt und werden in vielen Sorten angeboten. Einige sind allerdings nicht vollkommen winterhart. Sie brauchen vor allem Schutz vor Nässe.

● Sedum (Fetthenne)

Fetthennen sind normalerweise winterhart. Hier sollte man auf die Auswahl der Pflanzen achten, denn die aus Mexiko stammenden Arten erweisen sich nicht als ausreichend winterhart.

● Yucca

Einige Yucca-Arten sind ebenfalls winterhart, doch gewöhnlich sind diese nicht im Handel erhältlich, obwohl sie sehr interessante Gartenpflanzen abgeben würden. Andere wiederum tolerieren zwar niedrige Temperaturen, können aber trotzdem nicht im Garten gezogen werden, da sie sehr nässeempfindlich sind. Dazu gehört zum Beispiel der bekannte Joshua-Tree *(Yucca whipple)* aus der Mohave-Wüste in Arizona. Die Yucca-Arten, die man als Zimmerpflanze erwirbt, sind jedenfalls nicht winterhart, wenn man nicht unter besonders günstigen klimati-

schen Bedingungen lebt, wie sie eigentlich nur in den weitgehend frostfreien Gegenden Mexikos vorherrschen. Ohnehin werden die Yucca-Arten für gärtnerische Zwecke viel zu selten eingesetzt. Das mag an der spärlichen Literatur zum Thema liegen.

● Agaven

Einige Agaven-Arten halten bis zu -15° Celsius aus und tolerieren bis zu einem gewissen Grad auch Frost, sogar in feuchtem Klima. Falls sie leiden, dann nur, wenn das Innere der Pflanze zu häufig gefriert und wieder auftaut. Stehen sie hingegen trocken, sollten sie auch niedrigeren Temperaturen trotzen. Eine Verwandte der Agave, der Rauschopf oder *Dasylirion wheelerii*, hingegen kann ohne Probleme das ganze Jahr im Freien verbringen.

● Opuntien

Viele Opuntien sind winterhart. Dazu gehören vor allem die niedrig wachsenden Sorten aus Kanada und den nördlichen USA: einige Sorten der *Opuntia fragilis*, *O. polyacantha*, *O. humifusa* und *O. macrorhiza*. Alle diese Arten geben ausgezeichnete Steingartenpflanzen ab, die sich im Frühling mit attraktiven Blüten schmücken. Die Dornen der Opuntie machen das Unkrautjäten schwierig, doch hat man festgestellt, dass die Opuntie selektive Unkrautvernichter durchaus toleriert. So lässt sich auch das Problem lösen.

Andere Opuntia-Arten vertragen zwar niedrige Temperaturen, sind aber vergleichsweise nässeempfindlich: Dazu gehören *O. basilaris* und *O. erinacea*.

● Andere winterharte Sukkulenten

Die meisten anderen winterharten Kakteen sind ebenfalls nässeempfindlich. Dazu gehören einige Echinocerus-Arten, wie *E. triglochidiatus*, einige nördlich vorkommende Formen von *Escobaria vivipara*, *Neobesseya missouriensis* und *Pediocactus simpsonii*.

Viele Mesembryanthemum-Arten vertragen zwar niedrige Temperaturen, doch nur in absolut trockenem Klima.

Vermehrung

Samen

Meist werden Kakteen und Sukkulenten aus Samen gezogen. Zahlreiche Arten und Sorten sind als Samen im Handel erhältlich. Ihre Anzucht ist wesentlich billiger als der Kauf fertiger Pflanzen vom Züchter. Nehmen Sie sich allerdings vor Aussaatmischungen in Acht. Darin sind meist langsam und schnell wachsende Arten vermischt, was die Kultur der Pflanzen erschwert.

● Anzucht
Am besten beginnt man mit den robusteren, schnell wachsenden Arten. Langsam wachsende Kakteen brauchen deutlich mehr Pflege, um zu voll etablierten Pflanzen heranzuwachsen. Viele Züchter haben ihre eigene Anzuchtmethode entwickelt. Probieren Sie einfach aus, was in Ihrem Umfeld am besten funktioniert.

● Gefäße
In welchem Gefäß Sie die Anzucht beginnen wollen, müssen Sie gleich zu Beginn entscheiden. Wenn Sie viele Pflanzen derselben Art ziehen wollen, eignet sich die traditionelle rechteckige Keimschale am besten. Darin lassen sich bis zu 2 000 Sämlinge heranziehen. Wenn Sie ein Samentütchen für 20 bis 30 Pflanzen haben, können Sie die Keimschale mit Plastik- oder

Unten: Kaktusfrucht mit Samen im süßen Fruchtfleisch

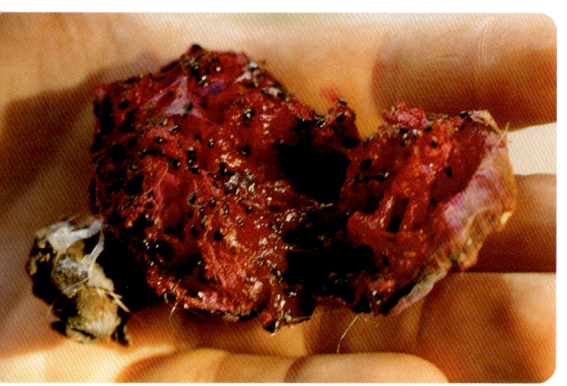

Glaseinsätzen unterteilen, damit Sie für jede Sorte ein eigenes Areal bekommen. Natürlich können Sie auch Einzeltöpfe benutzen. Am besten sind hier Vierecktöpfe.

● Anzuchterde
Benutzen Sie dieselben kompostbasierten Substrate wie für größere Pflanzen. Sieben Sie diese vorher durch, um gröbere Bestandteile zu entfernen. Der Kompost muss sauber sein. Er darf keine Pilzsporen oder Unkrautsamen enthalten. Am besten sterilisieren Sie die Erde vorher im Backofen. Befüllen Sie die Gefäße, um diese dann in ein mit Wasser gefülltes Tablett zu stellen. So kann die Erde sich richtig voll saugen.

● Aussaat
Die Samen müssen gleichmäßig über die Erde verteilt werden. Bedecken Sie sie mit einer Lage grobem Kies. Bestimmte Arten der Mittagsblumengewächse wie die „Lebenden Steine" sind Lichtkeimer. Die Samen dürfen daher nicht bedeckt werden.

● Keimphase
Die meisten Samen keimen am besten bei Temperaturen um 21° Celsius. Möglicherweise müssen Sie etwas Wärme zuführen, um diese Temperatur zu erreichen, vor allem, wenn Sie im Winter anzüchten. Die Keimung wird gefördert, wenn Tag- und Nachttemperatur sich unterscheiden. Während des Keimvorgangs sollten die Keimlinge es eher feucht haben. Bedecken Sie daher die Keimschalen mit Glas oder Plastik. Einzeltöpfe können Sie in Plastiktüten wickeln. Sobald die Keimlinge sprießen, sollten sie mehr Licht und Luft bekommen, auch wenn direkte Sonneneinstrahlung ihnen zu diesem Zeitpunkt noch schadet. Halten Sie sie so feucht wie nötig. Verhindern Sie das Austrocknen der Erde.

● Wann beginnt man am besten mit der Anzucht?
Je früher im Jahr Sie beginnen, desto länger hat die Pflanze Zeit, bis zu ihrem ersten Winter auszureifen. Nach sechs Monaten sind die schnell

Oben: Keimschalen mit Sämlingen im zweiten Jahr, die bereits blühen.

wachsenden Arten wie Säulenkakteen, Opuntien und einige andere Sukkulenten so weit, dass sie in Einzeltöpfe pikiert werden können. Langsam wachsende Arten bleiben ein Jahr lang und länger in ihren Anzuchtgefäßen stehen.

● **Probleme beim Keimen**

Einige Sorten keimen eher zögerlich. Das mag daran liegen, dass der Samen einen keimhemmenden Überzug hat oder dass er mehrere Jahre braucht, bis er keimfähig ist. Setzen Sie den Samen klar abgegrenzten Wärme- und Kältephasen aus, um ihn zum Keimen zu bringen.

● **Schädlinge und Krankheiten**

Wenn Sie mit einer Kupferfungizid-Lösung wie Cuprofix wässern, beugen Sie Pilzbefall vor. Achten Sie auf kleine, schwarze Insekten (Trauermücken oder Champignonmücken), deren Larven eine ganze Anzucht blitzschnell zerstören können.

● **Beschriften**

Vergessen Sie die Beschriftung der Keimschalen nicht, damit Sie die Arten später auseinander halten können. Geben Sie jedem Gefäß eine Nummer und machen Sie sich irgendwo eine Liste der ausgesäten Pflanzen.

Stecklinge

Viele Kakteen und Sukkulenten lassen sich mithilfe von Stecklingen leicht vermehren. Bei nicht-sukkulenten Pflanzen verwelkt der Steckling häufig, bevor er Wurzeln ansetzt. Bei Kakteen und Sukkulenten können die Stecklinge an den Schnittstellen von Pilzen befallen werden. Daher müssen sämtliche Werkzeuge absolut sauber sein, bevor der Schnitt ausgeführt wird. Außerdem sollte sich die Schnittstelle mit einer schützenden, wasserundurchlässigen Haut bedeckt haben, bevor der Steckling in die Erde kommt. Wie lange das dauert, hängt davon ab, wie groß die Schnittfläche ist und bei welcher Temperatur und Luftfeuchtigkeit der Steckling geschnitten wurde. Am besten reduziert man die Schnittfläche, indem man Triebe an der dünnsten Stelle abschneidet. Anders ist dies bei den Epiphyllum-Arten, die besser bewurzeln, wenn man den Steckling mit breiter Schnittfläche vom Stamm nimmt. Lassen Sie die Stecklinge auf jeden Fall ein bis zwei Wochen liegen, bevor Sie sie in feuchte Erde geben.

Stecklinge mit großen Schnittflächen können einen Monat und länger liegen bleiben. Einige Stecklinge bewurzeln besser, wenn sie von unten mit Wärme versorgt werden. Stamm-Stecklinge von Blatt-Sukkulenten können hingegen sofort gepflanzt werden. Rasenartig wachsende Kakteen und Sukkulenten bilden manchmal neue Wurzeln aus, während sie noch an der Mutterpflanze hängen. Diese „Kindel" können ebenfalls sofort gepflanzt werden. Pflanzen, die schnell verfaulen, können mit Fungizid-Puder bestreut werden. Hier sind schwefelhaltige Produkte nützlich. Chemische Bewurzelungshilfen sind normalerweise nicht nötig, können aber verwendet werden.

● **Pflanzen für die Setzlingsvermehrung**
Viele Mesembryanthemum-Arten können mithilfe von Setzlingen vermehrt werden, auch wenn es sich um sukkulente Arten wie die „Lebenden Steine" handelt. Wichtig ist nur, dass ein Teil des verholzten Blattansatzes mit abgeschnitten wird, wenn man den Setzling abtrennt. Einzelne Blätter können zwar bewurzeln, bilden aber gewöhnliche keine neuen Vegetationspunkte aus. Bei anderen Sukkulenten lässt sich die Pflanze über Blattstecklinge problemlos vermehren, zum Beispiel bei Sansevierien, Gasterien, einigen Echeverien sowie Sedum- und Pachyphytum-Arten. Bei Sansevierien und Gasterien bewurzeln sogar kleine Blattstücke. Am besten ist es jedoch, ein gesundes Blatt vom Stamm zu trennen oder – wie bei einigen Echeverien – einen Blütenstand.

● **Pfropfen**
Das Pfropfen erfüllt bei Kakteen und Sukkulenten verschiedene Funktionen: Sie können schwachwüchsige Arten auf einer starkwüchsigen Unterlage veredeln. Sie können Cristate auf höhere Unterlagen pfropfen, damit sie nicht auf dem Boden aufliegen und verfaulen. Einige Arten lassen sich auf diese Weise zum schnellen Durchtrieb anregen, sodass Sie die Triebe auf eine andere Unterlage pfropfen oder Stecklinge nehmen und diese wiederum bewurzeln lassen können. Außerdem lassen sich durch die Pfropftechnik genetisch veränderte Pflanzen in ihrer mutierten Schönheit bewahren.

Oben: Wurzeln an einem Kaktussetzling

● **Pflanzen, die sich zum Pfropfen eignen**
Diese Technik funktioniert nur bei zweikeimblättrigen Arten, die man auch Dykotyledoneae nennt. Einkeimblättrige wie die Asphodelen oder Agaven können nicht gepfropft werden. Daher werden zum Pfropfen nur Kakteen sowie Euphorbien, Portulaceen, Asclepiadaceen und Apocynaceen herangezogen.

● **Achtung!**
Das Pfropfen hat mehr Aussicht auf Erfolg, wenn Unterlage und Pfröpfling von nahe verwandten Arten stammen. Je näher die Verwandtschaftsbeziehung, desto sicherer wird das Pfropfen erfolgreich sein. Pflanzen von verschiedenen Familien lassen sich nur selten pfropfen.

Am besten pfropft man, wenn Unterlage und Pfröpfling in der Wachstumsphase sind, also im Frühling oder Sommer. Außerdem sollten beide etwa vom selben Durchmesser und von derselben Turgeszenz sein, d. h. dass der Wasserdruck innerhalb der Pflanze bei beiden Exemplaren etwa gleich ist.

● **Unterlagen**
Viele Pflanzen eignen sich als Unterlagen zum Kakteenpfropfen, doch am häufigsten verwendet werden Trichocereen. Wenn Sie mit Echinopsis-Arten arbeiten, sollten Sie solche auswählen, die nicht zu leicht Schösslinge treiben.

Kommerziell gepfropft wird meist auf dreirippige Hylocereen, die sehr wüchsig sind. Da diese jedoch hohe Wintertemperaturen brauchen, verbietet sich ihre Verwendung in der privaten Kakteenzucht meist von selbst. Eine andere häufig verwendete Unterlage ist der *Myrtillocactus geometrizans*, den Sie an seinen sechsrippigen Stämmen von blaugrüner Farbe erkennen.

Wer häufig kleine Sämlinge pfropft, empfiehlt meist Pereskiopsis-Arten, die als Unterlage einen Setzling in wenigen Monaten in ein blühendes Wunder verwandeln können. Für Opun-

tien und verwandte Arten sind die beste Unterlage die besonders starkwüchsigen Arten der eigenen Familie.

In jüngerer Zeit gab es einige viel versprechende Experimente. So benutzte man *Echinocereus triglochidiatus* als Unterlage für schwer zu ziehende, winterharte Kakteen wie zum Beispiel die Pediocactus-Arten. Auch für Stapelien ist eine der starkwüchsigeren Varianten des Genus *Stapelia* am besten geeignet, obwohl man auch mit *Ceropegia woodii* gute Ergebnisse erzielt hat. Für Euphorbien empfiehlt man gemeinhin *Euphorbia ingens* oder *E. canariensis*.

● **Methoden und Werkzeuge**

Das wichtigste Werkzeug ist natürlich ein scharfes und sauberes Messer. Mit diesem schneiden Sie das obere Stück der Unterlage ab und schrägen die Ränder ab, damit die Unterlage sich nicht wölbt, wenn die Schnittfläche trocknet. Nun schneiden Sie den unteren Teil des Pfröpflings ab und drücken ihn fest auf die Schnittfläche der Unterlage. Bringen Sie die Leitbündelringe von Unterlage und Pfröpfling zur Deckung, denn die Leitbündel beider Pflanzen müssen zusammenwachsen.

Sorgen Sie dafür, dass der Druck einige Wochen lang anhält. Normalerweise geschieht dies mithilfe von zwei Gummibändern, die man um den Topf und die gepfropfte Pflanze wickelt – im rechten Winkel zueinander. Man kann die Pflanze auch beschweren, wobei man sie natürlich seitlich abstützen muss. Probieren Sie aus, was bei Ihnen am besten funktioniert. Sobald die Verbindung von Unterlage und Pfröpfling sich verfestigt, stellen Sie die Pflanze in einen warmen Raum, der jedoch nicht zu viel Sonnenlicht bekommen und auch nicht zu trocken sein sollte. Bevor Sie das „Druckmittel" entfernen, sollten Sie einige Wochen vergehen lassen.

Für manche Pflanzen ist die Spaltpfropfung besser. Wie das geht, zeigen Ihnen die Zeichnungen nebenan (zum Beispiel dritte Reihe Mitte).

Links: Verschiedene Pfropfungs- und Beschwerungstechniken

Schädlinge und Krankheiten

Schädlinge

Kakteen und Sukkulenten werden – wie andere Pflanzen, die intensiv kultiviert werden – mitunter anfällig für Schädlinge. Da sie eher zu den „Dickhäutern" zählen, ist die Gefahr etwas geringer, trotzdem sollten Sie Ihre Pflanzen regelmäßig inspizieren. Wenn Sie nicht zu den Profi-Gärtnern zählen, sind bestimmte Schädlingsbekämpfungsmittel für Sie heute nicht mehr erhältlich. Für alles, was Sie im Gartencenter erhalten, gilt: Richten Sie sich genau nach der Anleitung, was Zeitpunkt, Häufigkeit und Dauer der Anwendung angeht.

● Woll- und Schmierläuse

Der schlimmste Kakteenschädling ist die Woll- bzw. Schmierlaus. Sie sieht aus wie eine kleine Kellerassel im weißen Wollkleid. Die „Wolle" ist mit Wachs durchmischt und schützt das Tier vor Kälte. Während andere Schädlinge die Pflanzen nur schädigen, kann die Wolllaus große Exemplare ein für alle Mal vernichten. Die Tiere vermehren sich ungeheuer schnell, bilden bald riesige Kolonien und werden sehr schnell gegen Pestizide resistent. Außerdem können sie im „schlafenden Zustand" überwintern, bis die Bedingungen für sie wieder günstiger werden. Das Wachs- und Wollkleid sorgt dafür, dass Kontaktgifte ihnen nicht schaden können. Außerdem gibt es von der Wolllaus ungeheuer viele Unterarten, was das Problem noch erschwert.

● Wurzelfraß

Eine bestimmte Wolllaus-Art greift die Kakteenwurzeln an. Sie erkennen sie, wenn Sie beim Umtopfen auf den Wurzeln weiße Flecken wahrnehmen. Wenn daher eine Ihrer Pflanzen einfach nicht gedeihen will, sollten Sie sie aus dem Topf nehmen und auf Wollläuse kontrollieren. Wenn Sie Läuse finden, spülen Sie alle Erde von den Wurzeln. Waschen Sie die Läuse ab, lassen Sie die Wurzeln trocknen und setzen Sie die Pflanze dann in saubere, neue Erde.

Wie man Wollläuse bekämpft
Systemische Insektizide

Normalerweise benutzt man zur Bekämpfung von Wollläusen ein systemisches Insektizid, das auf einer organischen Phosphorverbindung aufbaut. Diese sind recht wirkungsvoll, doch einzelne Wolllaus-Stämme haben dagegen bereits Resistenzen entwickelt. Probieren Sie also ruhig mehr als ein Insektizid aus. Leider sind einige der besten heute nicht mehr auf dem freien Markt erhältlich.

Abwaschen

Von einigen Pflanzen lassen die Läuse sich mit einem ordentlichen Wasserstrahl wegspritzen. Unter Umständen sollten Sie dabei die Oberflächenspannung des Wassers mit einem Tropfen Spülmittel herabsetzen. Sie können die Tiere auch abwischen. Einige Züchter nutzen für kleineren Befall alkoholgetränkte Tücher. Der Alkohol durchdringt die wollige Wachsschicht. So werden die Schädlinge getötet. Allerdings vertragen viele Pflanzen den Alkohol nicht.

Biologische Mittel

Alle biologischen Mittel sollten den normalen Insektiziden vorgezogen werden. Züchter setzen sie meist sehr erfolgreich ein, in kleineren Sammlungen jedoch ist dies nicht immer möglich. Einige natürliche Feinde der Wolllaus sind im Handel erhältlich, zum Beispiel die Florfliege bzw. der Marienkäfer. Mit ihnen lässt sich auch der Befall mit Blattlaus und Weißer Fliege wirkungsvoll eindämmen. Bedauerlicherweise brauchen viele der natürlichen Läusefeinde höhere Temperaturen, als sie in den meisten Kakteen- und Sukkulentenhäusern herrschen.

Ein bewährtes Mittel der Firma Neudorff setzt auf Paraffinöl: Promanal kann bei hartblättrigen Pflanzen ohne Probleme verwendet werden. Resistenzen gegen Promanal sind nicht bekannt. Florfliegen sollten nicht auf mit Promanal behandelten Pflanzen ausgesetzt werden.

Rechts: Einer der schlimmsten Kakteenschädlinge ist zweifellos die Wolllaus, auch als Schmierlaus bekannt.

Vorbeugen

Am besten ist es natürlich, durch vorbeugende Maßnahmen einem Befall vorzubeugen. Schicken Sie daher neue Pflanzen erst einmal in Quarantäne, bevor Sie sie Ihrer Sammlung einverleiben. Wenn Sie eine Woll- oder Schmierlaus entdecken, müssen Sie sofort handeln, um dem Befall gar nicht erst Gelegenheit zu geben, sich weiter auszubreiten. Hier ist Hygiene erstes Gebot, da Wollläuse sich gerne unter abgefallenen Blättern oder Blüten verstecken, wo man zu selten hinsieht.

● Spinnmilbe

Die Spinnmilbe ist weniger problematisch als die Wolllaus. Die Spinnmilbe ist keine Spinne, sondern ein Parasit, eine Milbe von gelb-brauner Farbe. Die Milben sind winzig. Wenn Sie also nicht über sehr gute Augen verfügen, sehen Sie das Tier vermutlich erst, wenn der Schaden bereits angerichtet ist. Dieser zeigt sich in braunen Flächen, die meist an den Triebspitzen auftauchen.

Anfällige Pflanzen

Zum Glück sind nur wenige Kakteen- und Sukkulentenarten anfällig für die Spinnmilbe. Bei den Kakteen befällt die Spinnmilbe am liebsten Rebutien, Lobivien und die Coryphanta-Arten. Hin und wieder findet man sie auch auf den Arten von Melocactus, Sulcorebutia, auf einigen Mammillarien und auf den kleineren mexikanischen Kugelkakteen wie zum Beispiel lophophora, Turbinicarpus und Pelecyphora.

Einige der Mesembryanthemum-Arten wie die Faucarien sind ebenfalls für die Spinnmilbe anfällig, obwohl man nicht sicher weiß, ob es sich dabei um die Spinnmilbe handelt, da die Tiere dunkler aussehen. Schaden und Bekämpfung des Befalls sind jedoch der Spinnmilbe gleich.

Auch einige der Caudexpflanzen zeigen mitunter Milbenbefall auf ihrem einjährigen Austrieb. Auch hier ist die Milbe nicht mit Sicherheit als Spinnmilbe zu identifizieren.

Unten: Kakteenschaden durch die Spinnmilbe

Vorbeugen und Bekämpfen

Heiße, trockene Witterung und ein Mangel an Belüftung sind die Umweltbedingungen, unter denen die Spinnmilbe am besten gedeiht. Allerdings genügt es nicht, für mehr Feuchtigkeit zu sorgen. Wichtig ist vor allem eine gute Belüftung. Auch hier hilft Spritzen mit Promanal (siehe Wolllaus). Wenn Sie in der Nähe Ihrer Kakteensammlung eine Hecke aus Scheinzypressen (*Chamaecyparis leylandii*) haben, sollten Sie Ihre Pflanzen besonders gründlich inspizieren, denn diese Pflanze bietet der Spinnmilbe ein ideales Winterquartier.

● Schildlaus

Der weniger häufig vorkommende Schädling ist braun oder grau. Befällt Agaven und Opuntien.

Bekämpfen

Besprühen mit Insektiziden ist nicht sehr wirkungsvoll, weil die Schildlaus über einen beinahe undurchdringlichen Panzer verfügt. Auch hier hilft Promanal bzw. ein systemisches Insektizid wie Roxion. Mitunter genügt es aber auch, die Insekten per Hand abzulösen.

● Thrips

An Kakteen und Sukkulenten zeigt der Thrips sich noch nicht sehr lange Zeit. Es handelt sich um kleine, bewegliche Insekten, deren Farbe von Zitronengelb bis zu einem bräunlichen Ocker reicht. Meist saugen sie an den Blüten und verursachen so silberne Sprenkelungen, der Pflanze selbst fügen sie meist keinen Schaden zu.

Bekämpfen

Am besten mithilfe von Klebefallen.

● Nacktschnecken und Weinbergschnecken

Auf fleischigen Sukkulenten sind auch Schnecken ein Problem.

Vorbeugen und Bekämpfen

Hier hilft nur absammeln. Achten Sie auf Hygiene im Gewächshaus. Am besten spüren

Oben: Schildläuse auf einem Yuccablatt. Glücklicherweise ist das Sauginsekt nicht allzu weit verbreitet.

Sie die Tiere nachts auf, wenn sie am aktivsten sind. Tragen Sie sie zurück in die freie Natur.

● Ameisen

Ameisen schaden den Pflanzen nicht selbst, bringen aber häufig Woll- bzw. Blattläuse mit. Der Nestbau der Ameisen stört manchmal die Wurzelbildung.

Bekämpfen

Gegen Ameisen können Sie ein streufähiges Insektizid einsetzen, das die Tiere allerdings vergiftet. Ameisen lassen sich aber auch gut mit Barrieremitteln fern halten, die ausgestreut oder versprüht werden müssen. Fragen Sie in Ihrem Gartencenter nach.

● Blattschneiderbienen

Diese nicht im Schwarm lebenden Bienen sind dunkel gefärbt, meist in Schwarz, Blau, Grün oder Purpur. In Gewächshäusern haben sie sich als gefährliche Schädlinge erwiesen. Sie graben Gänge in die Pflanzerde, bauen dort mit Blättern ausgekleidete Waben, in denen sie ihre Eier ablegen. Die Blätter führen häufig zu Wurzelfäule der betroffenen Pflanze. Steht ihnen etwa eine Pfahlwurzel im Weg, bohren sie sich einfach hindurch. Am liebsten nisten sie in so genannten „Hanging Baskets", die in den letzten Jahren auch bei uns immer mehr in Mode gekommen sind.

Bekämpfen
Topfen Sie die Pflanze um und entfernen Sie die mit Blättern ausgekleideten Nistwaben.

- **Sciariden (Trauermücken oder Champignonmücken)**
Diese winzigen schwarzen Mücken haben Larven, die enorme Fraßschäden verursachen können. Die Larven sind weiß. Größeren Pflanzen schaden sie meist nicht, eine noch junge Anzucht aber können sie komplett zerstören. Sciariden nisten sich vorzugsweise in torfbasierten Substraten ein.

Bekämpfen
Die erwachsenen Tiere bleiben an gelben Insektentafeln hängen, wodurch der Vermehrungszyklus unterbrochen wird.

- **Nematoden**
Nematoden sind mikroskopisch kleine Würmer, auch „Älchen" genannt. Sie kommen hauptsächlich in sehr heißen Gegenden vor, wo sie Wurzelknoten und Zysten bilden, was das Pflanzenwachstum beeinträchtigt.

Bekämpfen
Gewöhnliche Insektizide erweisen sich meist als nutzlos. Daher empfiehlt man, die ganze Pflanze etwa 15–20 Minuten lang in 50° Celsius heißes Wasser zu tauchen. Chemische Nematoden-Mittel sind leider nur für professionelle Züchter erhältlich.

- **Wicklermotten**
Wicklermotten wie der Apfelschalenwickler oder der Weißdornwickler befallen mitunter auch Blattsukkulenten oder Mesembryanthemum-Arten. Wenn einige Blätter wie durch einen Kokon zusammengeklebt scheinen, sollten Sie

sie auseinander ziehen. Drinnen finden Sie eine Larve, die sich in die Blätter frisst.

Bekämpfen
Kokons von Hand absammeln.

- **Dickmaulrüssler**
Der Dickmaulrüssler ist ein Käfer von höchstens 1 cm Länge, der sich sehr langsam bewegt. Die C-förmigen, cremefarbenen Larven sind es, die den meisten Schaden anrichten, da sie sich von Pflanzenwurzeln ernähren. Am anfälligsten sind Echeverien und hin und wieder auch die Aeonium-Arten.

Bekämpfen
Wenn die Larven sich in den Stamm gefressen haben, schneiden Sie ihn bis auf eine gesunde Stelle zurück. Den Rest der Pflanze lassen Sie wie einen Steckling neu bewurzeln. Setzen Sie sie in frische Erde und vernichten Sie die befallenen Erd- und Pflanzenreste.

- **Blattlaus**
Auf Kakteen und Sukkulenten kommen Blattläuse nur sehr selten vor. Nur Blütentriebe der Aloen und Haworthien werden mitunter befallen.

Bekämpfen
Ein übliches Blattlaus-Spray leistet hier gute Dienste. Sie können die Blattläuse aber auch einfach abstreifen oder mit Promanal spritzen (siehe Wollaus).

- **Weisse Fliege**
Gewöhnlich werden Kakteen und Sukkulenten von der Weißen Fliege nicht befallen. Nur Caudexpflanzen mit starkem Blattansatz oder sukkulente Pelargonien ziehen die Weiße Fliege an.

Bekämpfen
Auch hier helfen gelbe Insektentafeln. Mit ihrer Hilfe löst sich das Problem während der Ruhezeit meist von selbst.

Krankheiten

Kakteen und Sukkulenten leiden vor allem unter zwei Arten von Krankheiten: Das sind zum einen Pilz- und Bakterienbefall, zum anderen Probleme, die sich aus Nährstoffmangel ergeben.

● Pilz- und Bakterienbefall
Sie führen meist zu Nass- und Weichfäule. Gesunde Pflanzen sind gegen solche Infektionen aber resistent.

● Ursachen
Die Fäule taucht meist als Sekundärkrankheit zu anderen Problemen auf. Dies kann ein übermäßiger Insektenbefall sein, sonstige Schädlinge, Sonnenschäden, aber auch schlechte Wachstumsbedingungen oder mangelnde Sauberkeit beim Steckling- bzw. Pfröpflingschneiden. Pilze dringen häufig über tote Wurzeln ein. Letztere sterben meist durch mangelnde Belüftung ab.

● Vorbeugen und Bekämpfen
Am besten beugen Sie solchen Problemen durch optimale Wachstumsbedingungen vor: durch eine gesunde, schädlingsfreie Umgebung. Achten Sie auf rote oder braune Verfärbungen, die Schädlingsbefall oder Nährstoffmangel signalisieren können.

Kommt es trotzdem zur Fäule, schneiden Sie die befallenen Teile ab, wenn sie nicht zu groß sind. Benutzen Sie ein sauberes, mit Alkohol desinfiziertes Messer. Die Schnittflächen können Sie mit einem handelsüblichen Fungizid bestreichen.

Eine vorbeugende Behandlung mit Fungiziden ist hingegen nur bedingt zu empfehlen, denn die meisten Fungizide decken keinesfalls das ganze mögliche Spektrum schädlicher Pilze ab. Junge Kakteen werden häufig von Wurzelfäule befallen. Gießen Sie vorbeugend mit einem handelsüblichen Kupferfungizid wie Cuprofix.

Chinosol (zum Beispiel in 10%iger Rivanollösung aus der Apotheke), das ebenfalls häufig empfohlen wird, schädigt die Sämlinge und sollte daher nicht eingesetzt werden.

Mangelkrankheiten

Da Kakteen in ihrer natürlichen Umgebung ein relativ umfangreiches Angebot an Mineralstoffen zur Verfügung haben, kann es vorkommen, dass sie im Topf unter Mangelerscheinungen leiden.

● Ursachen
Möglicherweise liegt es nicht daran, dass die fehlenden Mineralien in der Erde nicht vorhanden wären, sondern dass die Pflanze sie nicht aufnehmen kann, weil das Substrat mittlerweile zu kalkhaltig ist. Der Grund dafür sind die im Gießwasser gelösten Stoffe, die sich in der Erde ablagern.

● Vorbeugen
Finden Sie heraus, welchen pH-Wert Ihr Gießwasser hat. Die Ausrüstung dazu erhalten Sie im Gartencenter. Ist es zu kalkhaltig (pH-Wert größer als 7), müssen Sie für ein wenig Säure im Gießwasser sorgen. Bitte benutzen Sie keine „echten Säuren", außer Sie sind Chemiker und wissen, wie Sie damit umzugehen haben. Ein Tropfen Zitronensaft oder Essig genügt meist. Testen Sie auch Ihr Regenwasser. Vielleicht ist es weniger „hart".

● Bekämpfen
Zu Nährstoffmangelkrankheiten kommt es eher, wenn die Pflanze in torfbasiertem Substrat steht. Wenn die Pflanze also Anzeichen von Chlorose (Gelbfärbung) zeigt, geben Sie ihr frischen Kompost. Sie können auch fertige Mineralstoffmischungen aus dem Gartencenter unter die Erde mischen bzw. ins Gießwasser geben.

Wie man eine Sammlung aufbaut

Das Anlegen einer Sammlung

Ihre eigene Kakteen- und Sukkulentensammlung wird Ihnen viel Freude bereiten, ob Sie Ihre Pflanzen nun gekauft oder selbst gezogen haben. So können Sie die Vielfalt und Verschiedenartigkeit der Exoten im eigenen Heim genießen.

● Gartencenter und Blumengeschäfte

Die meisten Menschen erwerben ihren ersten Kaktus in einem Gartencenter oder einem Blumenladen. Viele Gartencenter haben eine schöne Auswahl an Sukkulenten und bekommen auch immer wieder neue Arten herein.

Bedauerlicherweise wissen die Angestellten dort mitunter wenig über die speziellen Anforderungen der Sukkulentenkultur. Wenn die Pflanzen vom Großhändler kommen, sind sie meist noch in guter Verfassung. Doch dann stellt man sie an der dunkelsten Stelle des Gewächshauses oder Verkaufsraums aus und gießt sie meist falsch (zu wenig oder zu viel). So kommt es zu Schädlingsbefall, vor allem durch Woll- und Schmierläuse. Sogar bereits abgestorbene Pflanzen werden noch verkauft.

Wenn Sie ein häufiger Besucher im Gartencenter sind, sollten Sie nach neuen Lieferungen Ausschau halten, da diese Pflanzen meist gesund sind. Die Pflanzen sollten frisch wirken und keine Anzeichen von Geilwuchs aufweisen. Achten Sie besonders auf kleine weiße „Wollknäuel", die einen Wolllaus-Befall anzeigen.

Blühen die Pflanzen, so ist das im Allgemeinen ein gutes Zeichen, doch einige Züchter kleben den Pflanzen auch falsche Blüten an, was die Epidermis schädigt und die Pflanze für Pilze anfälliger macht. Die meisten Kakteen- und Sukkulentenblüten sind eher kurzlebig. Wenn Ihr Kaktus also wochenlang blüht, sollten Sie ihn genauer inspizieren. Meist stellen Sie fest, dass die Blüten aufgeklebt sind. Die Kakteen- und Sukkulentengesellschaften treten dieser Praxis entgegen, soweit sie nur irgend können, doch meist können sie nicht viel dagegen ausrichten, weil der Kunde eben lieber „blühende Kakteen" kauft.

● Kakteengärtnereien

Je mehr Erfahrung Sie sammeln, desto ausgefallener werden vermutlich Ihre Wünsche. Sie möchten Kakteen, die man nicht überall findet, Kakteen, die besondere Anforderungen stellen. Diese finden Sie in spezialisierten Gärtnereien, die meist über einen sehr kompetenten Pflanzenversand verfügen. (Eine Liste solcher Gärtnereien finden Sie am Ende dieses Buches.) Am besten ist es, Sie fahren dort einmal vorbei. Dort steht man Ihnen auch bei Pflanzenproblemen mit Rat und Tat zur Seite.

Wenn keine Spezialgärtnerei in Ihrer Nähe ist, können Sie auf den Pflanzenversand zählen, der sich bei Kakteen und Sukkulenten meist leicht bewerkstelligen lässt. Die Pflanzen welken nicht beim Transport. Sie sind meist recht kompakt und ziemlich robust. Allerdings ist von Winter-Bestellungen abzuraten, da es dabei zu Kälteproblemen kommen kann.

Unten: Dicht stehende Säulenkakteen aus der Sammlung des Autors.

Oben: Eine Auswahl von Kaktussämlingen, wie Sie sie in spezialisierten Gärtnereien finden.

Wenn Sie Pflanzen aus Kakteengärtnereien in anderen Ländern bestellen wollen, brauchen Sie vielleicht Einfuhrgenehmigungen, ein Phyto-Zertifikat bzw. CITES-Dokumente (wenn es um geschützte Pflanzen geht). Ein guter Händler kann Ihnen diese besorgen, wird allerdings eine Gebühr dafür in Rechnung stellen. Beim Handel zwischen EU-Ländern sind solche Formalitäten allerdings nur bedingt nötig.

Kakteen- und Sukkulentengärtnereien finden Sie im Anzeigenteil den Fachzeitschriften oder im Internet. Auch die Kakteengesellschaften geben gerne über verlässliche Händler Auskunft.

● **Selbstanzucht**

Eine der schönsten Möglichkeiten, für wenig Geld eine Kakteensammlung anzulegen, ist die Selbstanzucht. Weltweit gibt es viele Spezialversender für Kakteensamen mit einem breit gefächerten Angebot. Von einigen wenigen Ausnahmen abgesehen verfügen Kakteensamen über eine lange Haltbarkeit. Wenn Sie erst einmal

praktische Erfahrungen gesammelt haben, können die Ergebnisse sich sehen lassen. Darüber hinaus machen Sämlinge, die man selbst heranzieht, mehr Freude und sind bestens auf die Bedingungen am künftigen Standort vorbereitet.

Allerdings werden Sie bald feststellen, dass die kommerziellen Samenanbieter zwar eine große Auswahl haben, dass Sie aber trotzdem keineswegs alle gewünschten Kakteenarten dort bekommen. Dies trifft vor allem auf solche Arten zu, deren Anzucht besonders schwierig ist oder nach denen nur wenig Nachfrage herrscht. Solche Pflanzen erhalten Sie nur über ein funktionierendes Netzwerk von Sammlern. Dazu schließen Sie sich am besten einer nationalen bzw. internationalen Sukkulentengesellschaft an. (Adressen finden Sie am Ende des Buches.) Die meisten Sammler helfen gerne mit Samen oder Setzlingen seltener Pflanzen aus. In gewisser Weise ist dies auch die beste Versicherung gegen den Verlust einer Pflanze, denn falls Ihre Rarität je eingehen sollte, können Sie sie aus den Setzlingen bzw. Samen, die Sie anderen Sammlern zur Verfügung gestellt haben, neu ziehen.

Hin und wieder kommen auch große Sammlungen ausgereifter Sukkulenten auf den Markt, wenn der Sammler sich der Pflege der Pflanzen nicht mehr gewachsen fühlt. Dies ist eine einzigartige Gelegenheit, ausgereifte Pflanzen zu erwerben. Gewöhnlich werden diese nämlich nicht zu Höchstpreisen verkauft, sondern gehen vorzugsweise an Sammler, die ein Herz für Sukkulenten haben. Nichtsdestotrotz kann es schwierig sein, ein reifes Exemplar zu versorgen, das unter anderen Umweltbedingungen gewachsen ist. Daher sollte dieses Wagnis nur von erfahrenen Kakteenkennern eingegangen werden.

Doch Sie sammeln ja nicht nur Sukkulenten: Je größer Ihre Kollektion wird, desto mehr Wissen und Erfahrung haben Sie nebenher „gesammelt". Und Sie werden uns zustimmen: Kakteen sind außerordentlich faszinierende Pflanzen, die unsere Bemühungen mit ihrer fremdartigen Schönheit lohnen.

Wie man eine Sammlung aufbaut 55

Kakteen und Sukkulenten von A bis Z

Kakteen

● Aporocactus

Auch „Schlangenkaktus" oder „Peitschenkaktus" genannt. *Aporocactus flagelliformis* wird häufig von Menschen gezogen, die nicht unbedingt als Kakteenspezialisten gelten wollen. Und das hat seinen Grund: Der Aporocactus wird schon seit geraumer Zeit kultiviert. Und er ist recht unempfindlich gegen Pflegefehler. Auch als Zimmerpflanze macht er sich gut. Seine langen, herabhängenden zylindrischen Triebe, die nicht selten einen Meter Länge erreichen, machen ihn zur ersten Wahl für die Kultur als Ampelpflanze.

Der *Aporocactus* blüht vorzugsweise im Frühling und bringt dann eine Unzahl leuchtend pinkfarbener Blüten hervor. Er braucht eine Ruheperiode und im Sommer direkte Sonne und viel Wasser. Vermehrung durch Stecklinge während der Sommermonate.

● Ariocarpus

Dieser kleine, langsam wachsende Kaktus kommt aus dem nördlichen Mexiko bzw. den südlichen USA. Da er langsam wächst und nur wenig Platz wegnimmt, wird er von den Sammlern sehr geschätzt.

So wurden früher viele Pflanzen aus ihrer natürlichen Umgebung entfernt und direkt an Kakteenliebhaber verkauft. Diese Praxis hat glücklicherweise ein Ende gefunden. Heute ist die „Selbstversorgung" in freier Natur unter Strafe gestellt.

Samen der Ariocarpus-Arten sind leicht erhältlich. Obwohl man viel Geduld braucht, ist die Anzucht aus Samen durchaus machbar. Die Anzucht bereitet keine besonderen Schwierigkeiten, nur auf die Wasserzufuhr ist zu achten. Am besten ziehen Sie den Kaktus in einem Tontopf.

Die Wachstumsperiode liegt etwas später als bei anderen Kakteen. Sie blühen gewöhnlich im Spätsommer bzw. Frühherbst. Während der Wachstums- und Blühphase brauchen sie vergleichsweise viel Wasser.

Oben: Dieses Exemplar von *Ariocarpus fissuratus* wurde aus Samen gezogen und ist mehr als zehn Jahre alt.

Ariocarpus kotschoubeyanus ist ein kleiner, eher flacher Kaktus, der langsam wächst, sich aber gut selbst anziehen lässt. Er blüht schon in recht jungen Jahren. In der freien Natur wächst er in flachen, sandigen Ebenen, und man sagt, er sei in der Regenzeit mitunter kurzfristig von Wasser bedeckt. *A. trigonus* wächst wie *A. furfuraceus* auf felsigen Geröllhalden und ist recht schwierig in der Kultur. Die kleinsten Arten sind *A. agavoides* und *A. scarpharostris*. Sie kommen auch in der freien Natur selten vor, sind aber in Kakteengärtnereien häufig erhältlich, weil sie gut aus Setzlingen gezogen werden können. *A. agavoides* blüht schon, wenn die Pflanze nur 2,5 cm im Durchmesser misst. Als Zimmerpflanzen sind die Vertreter dieser Art unbrauchbar, da sie viel Sonne brauchen.

● **Arrojadoa**

Eine kleine, höchst interessante Art aus Brasilien, die in Büscheln mit gut verzweigten Sprossen wächst. Charakteristisch ist ein kleiner Haartuff an der Triebspitze, aus dem die kleinen, wachsartigen, gewöhnlich pinkfarbenen Blüten sprießen. Sie sind leicht zu kultivieren, wenn die Wintertemperatur nicht unter ein gewisses Mindestmaß absinkt, die etwas über dem üblichen Mittel von minus 10° Celsius liegen sollte. Da sie schnell wachsen, kann man eine erste Blüte schon drei bis vier Jahre nach der Anzucht erwarten, selbst wenn die Pflanze noch keine 30 cm Höhe erreicht hat.

Die dickerstämmigen Arten wie *Arrojadoa rhodantha* und *A. aureispina* sind am robustesten. Dünnerstämmige Sorten wie *A. eriocaulis* bzw. *A. penicillata* brauchen auch während der Winterpause ein wenig Wasser, damit der Stamm nicht austrocknet. Meist sind die Arrojadoa-Arten nur bei Spezialversendern oder in Kakteengärtnereien erhältlich. Sie werden durch Stecklinge vermehrt.

● **Astrophytum**

Auch „Sternpflanzen" genannt. Diese leicht zu unterscheidende Art der Kugelkakteen wächst im Süden der USA und im nördlichen Mexiko.

Oben: *Astrophytum capricorne* ist schwieriger zu kultivieren als andere Astrophyten, doch die außergewöhnliche Blüte lohnt alle Mühe.

Die Astrophyten heben sich vor allem durch ihre weiße Beflockung hervor. Diese sowie ihre außergewöhnlich schöne Form und die strahlend gelben Blüten machen sie bei Sammlern so beliebt. Obwohl sie sich nicht als Zimmerpflanzen eignen, sind sie unter den richtigen Bedingungen leicht zu kultivieren. Die besten Resultate erzielen Sie mit mineralischer Komposterde, die über einen guten Wasserabzug verfügt. Astrophyten brauchen viel Sonne. Sie sind vergleichsweise kältetolerant und vertragen sogar Temperaturen unmittelbar über der Nullgradgrenze, wenn sie trocken stehen.

Es gibt nur wenige Arten, doch diese kommen in allerlei Varietäten daher. Darüber hinaus gibt es viele Hybridzüchtungen, sodass Sie problemlos verschiedene Astrophyten in Ihre Sammlung aufnehmen können. Astrophyten sind einstämmig und verzweigen sich nur, wenn ihr Vegetationspunkt beschädigt wurde.

Die größte und vielleicht am leichtesten zu kultivierende Art ist *Astrophytum ornatum*. Sie kann bis zu 100 cm groß werden und misst dann etwa 20 cm im Durchmesser. Allerdings braucht sie viele Jahre, um diese respektable Größe zu erreichen. Als Jungpflanze wächst der Kaktus eher flachkugelig. Die erste Blüte ist im Alter von fünf bis sechs Jahren zu erwarten, wenn die Pflanze einen Durchmesser von 8 cm erreicht hat.

Die bekannteste Art der Gattung ist wohl *A. myriostigma*, die aufgrund ihrer Form auch „Bischofsmütze" genannt wird. Sie ist kleiner als *A. ornatum* und hat sehr viel weniger Dornen. Allerdings blüht sie auch schon früher. In der freien Natur ist die Gattung recht produktiv und bringt viele Arten hervor, die teilweise auch kultiviert werden.

A. capricorne, der „Bockshornkaktus", hat einen vogelnestartigen Schopf aus biegsamen Dornen auf der Triebspitze. Die Dornen variieren in Form und Dichte, ebenso wie die Farbe des Flaums, aus dem sie hervorsprießen. Die Blüte des Bockshornkaktus ist wohl die schönste der ganzen Gattung. Sie ist vergleichsweise groß und trägt ein rotes Auge inmitten gelber Blütenblätter. Die Pflanze blüht mehrmals im Sommer. Leider ist *A. capricorne* nur schwer zu kultivieren, da die Art sehr allergisch auf Nässe reagiert und zur Wurzelfäule neigt. Die Pflanze braucht volle Sonne und während der winterlichen Ruhepause Temperaturen knapp über dem Gefrierpunkt.

A. asterias ist eine dornenlose Astrophytum-Art, deren Form an einen Seeigel erinnert. Sie wächst langsamer als die anderen Vertreter der Gattung und reagiert negativ auf zu viel Nässe. Wir selbst haben ein Exemplar dieser Art über Jahre hinweg kultiviert, hatten aber erst dann einigermaßen Erfolg, als wir die Pflanze in einen Tontopf umsetzten. Auch *A. asterias* findet sich gewöhnlich nur in Spezialgärtnereien.

Oben: *Carnegiea gigantea*, hier als Sämling, ist außerhalb ihrer natürlichen Umgebung nicht gut zu kultivieren, da sie hohe Temperaturen und freien Raum für die Wurzeln braucht.

● **Carnegiea**

Diese Gattung umfasst nur eine einzige Art, nämlich *Carnegiea gigantea* – ein riesiger Säulenkaktus, der hauptsächlich im südlichen Arizona und in den angrenzenden Gebieten Mexikos wächst. Die Art kann ein Höhenwachstum von 12,25 m erreichen. Solche Exemplare wiegen dann mehrere Tonnen. Sie wächst sehr langsam.

Die größten Vertreter der Art sind vermutlich zwischen 200 und 300 Jahre alt. Die Pflanze verzweigt sich erst, wenn sie mehrere Meter hoch ist, was sogar unter optimalen Bedingungen gut 40 Jahre dauern kann. Erst dann beginnt sie zu blühen. Im Topf braucht *Carnegiea gigantea* zwei Jahre für ein Wachstum von gerade mal acht Zentimetern.

● **Cephalocereus**

Diese Gattung umfasste einstmals viele verschiedene Arten, doch die meisten wurden mittlerweile als Vertreter anderer Gattungen erkannt. Eine der wenigen verbliebenen, *Cephalocereus senilis*, ist auch als „Greisenhaupt" bekannt, da die Art lange und borstige weiße Haare besitzt. Ganz besonders schön ist *C. senilis* als Sämling. Er lässt sich gut aus Samen ziehen, auch wenn er eher langsam wächst. Allerdings kann man ihn in jedem Gartencenter käuflich erwerben.

Die Pflanzen kommen aus dem Bundesstaat Hidalgo in Mexiko, aus einer Region mit dem klangvollen Namen Barranca de Metztitlàn. Dieses lang gezogene Tal verfügt über eine außergewöhnliche Kakteenflora, die ihresgleichen sucht. Tausende Kakteen gedeihen in einer Art natürlichem Steingarten. Hier wachsen die einzelnen Exemplare von *C. senilis* zu beeindruckenden Pflanzen von beinahe sechs Metern Höhe heran. Sie blühen erst als ausgewachsene Pflanze mit einer Höhe von mindestens 2,5 m. In der Topfkultur ist das Warten auf die Blüte aussichtslos. Die Art ist vergleichsweise kälteverträglich.

● Cereus

Die Gattung der „Wachskerzen" wächst schnell. Es handelt sich größtenteils um robuste Pflanzen. Die meisten werden bald zu groß für die üblichen Gewächshäuser. Blüten setzen sie erst in fortgeschrittenem Alter an. Zwei Arten sind es wert, kultiviert zu werden, weil sie schon blühen, bevor sie etwa 100 cm Höhe erreicht haben. Sie stammen aus den brasilianisch-argentinischen Küstengebieten und gedeihen unter normalen Gewächshausbedingungen recht gut.

Cereus calybaeus hat einen schieferblauen Stamm und kurze schwarze Dornen. Die Blüten öffnen sich nur nachts. Die trichterförmigen Blüten sind weiß, ihre Röhre rosafarben. Sie messen etwa 15 cm in der Höhe und 10 cm im Durchmesser. Ihr Duft ist süß und zart. *C. azureus* hingegen ist von schlankerem Wuchs. Allerdings erscheinen seine großen Blüten weniger zahlreich als bei *C. calybaeus*.

● Cleistocactus

Diese interessante Säulenkaktusart verdient es, häufiger kultiviert zu werden. Unter günstigen Bedingungen wächst der *Cleistocactus* schnell.

Oben: *Cereus peruvianus f. monstrosus*, eine monströse Wuchsform der bekannten Cereus-Art (siehe Seite 19)

Seine Arten blühen reich. Da die Art schnell zu großen Exemplaren heranwächst, schätzt sie viel Wasser und hin und wieder eine Düngergabe. Sie braucht große Gefäße bzw. die Möglichkeit, ihre Wurzeln ins Erdreich zu schlagen. Im Winter genügt eine kurze Trockenpause. Die Cleistocactus-Arten stammen aus den Andentälern in Peru und Bolivien. Daher vertragen sie auch vergleichsweise niedrige Temperaturen bis zum Gefrierpunkt, allerdings nicht darunter.

Die bekannteste Art ist zweifellos *Cleistocactus strausii*, die „Silberkerze". Sie ist von einem dichten, weißen Dornenkleid bedeckt, das sehr attraktiv wirkt, blüht allerdings nicht so reichlich wie andere Cleistocactus-Vertreter. Die erste Blüte zeigt *C. strausii* bei einer Höhe von 45 cm, wenn der Lichteinfall ausreichend ist. Die röhrenförmigen Blüten sind lang und von roter

Oben: *Copiapoa humilis* ist eine der schneller wachsenden Sorten der chilenischen Gattung. Sie blüht bereits im Alter von vier Jahren.

Farbe. Wie alle Cleistocactus-Arten werden sie von Kolibris bestäubt.

Andere empfehlenswerte Arten sind *C. flavescens* (gelb blühend), *C. brookei* (rot blühend) und *C. vulpis-cauda* (ebenso rot blühend, mit weichen Dornen; der Name bedeutet „Fuchsschwanz" und signalisiert, dass man diesen Kaktus gefahrlos streicheln kann). All diese Arten blühen schon bei einer Höhe von nur 23 cm, also in jungen Jahren. Schöne Arten sind außerdem *C. dependens* und einige Sorten von *C. baumannii*.

● **Copiapoa**

Dieser schöne Kugelkaktus stammt aus den trockenen Küstenregionen des nördlichen Chile. Feuchtigkeit erhält er vorzugsweise von den Küstennebeln, da in jenen Gegenden nur selten Regen fällt. Es handelt sich um eine langsam wachsende Art, die große Gruppen bildet, deren Alter man auf über einhundert Jahre schätzt.

Erstaunlicherweise lässt die Gattung sich gut kultivieren, obwohl die meisten Arten eher langsam wachsen. Einige blühen erst im Alter von 10–20 Jahren. Sie stehen am liebsten auf stark mineralhaltiger Erde ohne viel Humus. Im heißen Klima brauchen sie unbedingt eine gute Belüftung, da sie leicht Sonnenbrand bekommen. Hin und wieder sollten Sie Ihr Prachtstück mit Wasser besprühen. Die Blüten haben durchweg einen ähnlichen Durchmesser von circa 2,5 bis 5 cm.

Die Arten mit weicherem Stamm wie *Copiapoa humilis* wachsen am schnellsten und setzen schon vier Jahre nach der Aussaat die ersten Blüten an. Die stark bedornten Arten wie *C. cinerea* hingegen wachsen nur langsam heran und brauchen 12–15 Jahre, bevor sie Blüten hervorbringen. Einige der Arten entwickeln mit den Jahren eine interessante Farbe. *C. cinerea* zum Beispiel wird im Alter aschweiß – daher der Name.

● **Coryphantha**

Diese Gruppe eher kleiner Kugelkakteen stammt aus dem Norden Mexikos bzw. aus dem Süden der USA. Sie sind nicht schwer zu ziehen, auch wenn sie viel Sonne brauchen. Eine Haltung als Zimmerpflanze ist daher nicht zu empfehlen.

Viele Arten haben kräftige Dornen und wirken daher auch ohne Blüten recht attraktiv. Meist blühen die Coryphanthen gelb, einige blühen aber auch rosafarben. Die Blüten wachsen im Hochsommer an der Triebspitze.

Einige Arten bleiben solitär und wachsen zu einem maximalen Durchmesser von 5–8 cm heran. Andere produzieren Seitensprosse und bilden Polster. Die Areolen sitzen auf kleinen Warzen, die sich nicht zu Rippen aneinander reihen – ein typischer Warzenkaktus.

Die Blüten wachsen aus einer Furche, welche die Areole teilt. Coryphanthen sind leicht aus Samen zu ziehen. In der Wachstumsphase brauchen sie viel Licht und Wasser. Bei guter Pflege erweisen sie sich als ausgesprochen blühfreudig.

● Echinocactus

Dieser kleine Fasskaktus kommt aus Mexiko bzw. aus den südlichen USA. Die bekannteste kultivierte Art ist zweifelsohne *Echinocactus grusonii*, der Goldkugelkaktus oder „Schwiegermutterstuhl". Dieser wunderschöne Kaktus lässt sich leicht kultivieren. Dies ist umso erfreulicher, als er in der Wildnis nur noch selten vorkommt, denn in seiner mexikanischen Heimat nimmt nun ein Stausee den Platz ein, den früher die Kakteen innehatten. Und so wird die Pflanze in großer Zahl in den Kakteengärtnereien gezogen. In den südlichen USA, aber auch auf Teneriffa oder in Israel wächst der Kaktus sogar im Freien. Der Goldkugelkaktus scheint mit fast allen Pflegefehlern fertig zu werden. Unter guten Bedingungen wächst er schnell und erreicht bald einen Durchmesser von einem halben Meter. Die eher unscheinbaren Blüten finden sich nur auf relativ alten Pflanzen und auch dies nur unter optimalen Bedingungen.

Steht er trocken, hält der Goldkugelkaktus auch Frost aus. In den meisten europäischen Ländern aber sind die Winter recht nass, sodass man ihn bei Temperaturen über dem Gefrierpunkt überwintern sollte, weil sonst die Epidermis bald die typischen Frostschäden aufweist.

Weniger verbreitet, aber ebenfalls sehr wüchsig ist *Echinocactus ingens*. Diese Art ist weniger tolerant, was die Wachstumsbedingungen angeht. In der freien Natur wächst sie zu Säulen heran, lässt sich aber auch kultivieren. Im Topf wächst der Kaktus langsam. Am besten ist es, wenn die Wurzeln frei wachsen können.

E. horizonthalonius wächst zwischen Mexiko und dem Big Bend Nationalpark in Texas. Die Art ist kleinwüchsig, eignet sich aber trotzdem nicht für Anfänger, da sie vorsichtig gewässert werden muss. Das Substrat sollte nur wenig Humus enthalten. Die Pflanze braucht einen hellen, sonnigen Platz im Gewächshaus. Ziehen Sie *E. horizonthalonius* keinesfalls im Plastiktopf. Im Tontopf trocknet die Erde nach dem Gießen schneller ab. Die Schönheit der Pflanze lohnt die Mühe, denn die graublaue Farbe harmoniert perfekt mit den pinkfarbenen Blüten, die schon auf der noch jungen Pflanze erscheinen.

E. texensis (früher *Homalocephala texensis*) ist dem *E. horizonthalonius* ähnlich, ist aber einfacher zu kultivieren. In seiner Heimat nennt man ihn auch den „Pferde-Verkrüppler", weil seine langen Dornen den Tieren leicht Schaden zufügen. Einige Echinocactus-Arten wachsen auch in der Mohave-Wüste in Arizona und im Grand Canyon. In der extrem trockenen Umgebung bilden diese Arten großartige Polster mit mehreren Kakteen aus. Zur Kultur eignen sie sich allerdings nur bedingt. Sie gehören unbedingt in die Hand von Experten. Die Echinocactus-Arten lassen sich gut über Samen vermehren. Sie sollten bei Temperaturen von mehr als 10° Celsius und geringen Wassergaben überwintert werden.

● Echinocereus

Diese langsam wachsenden, Polster bildenden Kakteen haben eine lange Blütezeit und wunderschöne Blüten, was sie bei Sammlern sehr beliebt macht. Sie wachsen vor allem im

Oben: *Echinocactus grusonii*, der zu Recht „Goldkugelkaktus" genannt wird.

Norden Mexikos und in den USA, wobei einige Arten vergleichsweise weit im Norden wachsen, manchmal auch in großer Höhe. Aus diesem Grund gibt es unter den Echinocereen viele winterharte Formen, die unter den richtigen Bedingungen auch im Freien gezogen werden können. Die schönen Arten werden auch „Igelkaktus" genannt. Die Blütenröhre trägt nämlich nadelartige Dornen.

Einige der Echinocereus-Arten blühen nur zögerlich. Der entscheidende Punkt ist hier die Winterruhe. Die Kakteen müssen während der Ruhezeit kühl, mitunter sogar kalt, stehen. Ist der Standort während der Winterruhe zu warm, blüht die Pflanze im nächsten Jahr nicht. Einige Echinocereus-Arten brauchen viel Licht. Am besten zieht man sie im Gewächshaus, im Wintergarten oder im Frühbeet.

Das Besondere an den Echinocereen ist, dass die Blüte sich im Stamm entwickelt und dann gleichsam durch die Epidermis „platzt".

Mitunter verursacht dies Narben in der Haut. Werden die abgeblühten Blüten nicht entfernt, können sie Stammfäule – vor allem bei feuchtem Wetter – verursachen.

Die Gattung der Echinocereen umfasst viele kulturwürdige Arten, die ihrerseits wieder schöne Unterarten oder Hybridformen aufweisen. So kann man allein aus dem Echinocereus schon eine kleine Sammlung machen. Einige der weniger dornigen mexikanischen Arten sind sogar besonders leicht zu ziehen. Dazu gehört zum Beispiel *Echinocereus knippelianus*, ein kugelig wachsender Kaktus, der kleine Polster bildet und im Frühling attraktive rosafarbene Blüten treibt.

Ähnlich ist *E. pulchellus*, auch wenn diese Art mehr Rippen und Dornen aufweist.

E. scheerii hingegen bildet Polster aus säulig wachsenden Kakteen. Diese Art und die ihr nahe stehenden Formen wie *E. salm-dyckianus* und *E. gentryi* haben ausgesprochen lange

Oben: *Echinocereus var. rubrispinus* ist eine jüngere Entdeckung mit attraktiven roten Dornen und pinkfarbenen Blüten.

Röhrenblüten, die am Abend lange geöffnet bleiben – ideale Kakteen für Berufstätige also, da sie außerdem leicht zu kultivieren sind. In den Hochebenen Mexikos wächst der mit weißem Haar bedeckte E. delaetii, der in der Kultur kaum je blüht, außer er bekommt sehr viel Licht. E. delaetii liebt kalkreichen Boden.

Einige Echinocereen wie E. enneacanthus bilden große Polster. Auch sie blühen selten, wenn sie zu viel Wasser, winterliche Wärme oder Stickstoffdünger bekommen, was sie zu übermäßigem Wachstum anregt. Doch die großen, langlebigen Blüten sind eine längere Wartezeit wert. Auch E. pentalophus ist eine Art mit eher unordentlich wachsenden Polstern, aber wunderschönen, rotvioletten Blüten. Etwas regelmäßiger wächst E. pectinatus, der wegen seiner farbigen Dornen häufig auch „Regenbogenkaktus" genannt wird. Diese Arten kommen zu beiden Seiten der mexikanisch-amerikanischen Grenze vor und umfassen zahlreiche unterschiedliche Sorten. Eine besonders attraktive Form wurde erst vor etwa zwanzig Jahren entdeckt: E. var. rubrispinus. Der „rotdornige" Kaktus bringt wunderschöne, leuchtend pinkfarbene Blüten von 10 cm Durchmesser hervor.

Eine weitere Art ist E. reichenbachii, deren Sorten sogar im für Kakteen eher nördlich gelegenen Oklahoma wachsen und niedrige Temperaturen vertragen, wenn sie im Winter trocken stehen. Dasselbe gilt für E. chloranthus, der kleine grünliche oder bräunliche Blüten treibt.

E. engelmannii weist nadelartige Dornen auf und bildet große Polster. Diese Art ist kälteresistent, braucht aber ebenfalls einen trockenen Stand. Die großen Blüten sind berauschend schön, bilden sich aber nur unter den richtigen Bedingungen, was vor allem heißt, dass die Pflanze im Winter nicht warm stehen darf.

E. triglochidiatus ist eine in den USA weit verbreitete Art, die ebenfalls viele Sorten umfasst. Einige wachsen in erstaunlich großer Höhe und vergleichsweise weit im Norden, was für ihre Kältetoleranz spricht. Sie bilden große Polster, die in der Blütezeit im Frühjahr ein spektakuläres Bild bieten. Die großen Blütenkelche sind von feurigem Orangerot und schließen sich – anders als die meisten Kakteenblüten – nachts nicht. Vermutlich nennt man die Pflanze daher auch „Weinkelch-Kaktus".

● **Echinopsis**
Diese Pflanzen sind häufig in Kultur zu finden, und das aus einem guten Grund: Sie sind leicht zu ziehen, eignen sich auch als Zimmerpflanzen und sind nicht empfindlich, was Pflegefehler angeht. Außerdem treiben sie leicht Schösslinge, die ihrerseits wieder schnell bewurzeln, lassen sich also problemlos vermehren. Echinopsis blüht schon in jungen Jahren und recht bereitwillig. Die Blüten sind groß und haben einen guten Duft. Da die Gattung schon lange kultiviert wird, gibt es zahlreiche Züchtungen. Sie haben also die Wahl zwischen Kakteen mit vielen verschiedenen Blütenfarben.

Unglücklicherweise meinten die Botaniker in den frühen Neunzigerjahren, es sei unmöglich, zwischen den Gattungen Echinopsis und Trichocereus eine klare Trennlinie zu ziehen. Trichocereus weist zwar eine beinahe identische Blütenform auf, wächst aber insgesamt sehr viel höher und breiter, was die Art für die Kultur ungeeignet macht. Leider findet man jetzt häufig Trichocereus-Arten unter dem Namen Echinopsis. Diese blühen jedoch erst, wenn sie älter und sehr viel größer sind.

Die botanischen Arten Echinopsis eyriesii, E. tubiflora, E. multiplex und E. oxygona sind seit langer Zeit in Kultur und daher kaum noch rein zu finden. Doch die aus ihnen gezogenen Sorten sind mindestens ebenso attraktiv und überall erhältlich. Ihre Blüten sind meist weiß oder pinkfarben und können bis zu 20 cm Höhe und 15 cm Durchmesser erreichen. Dass die Pflanzen reicher blühen, wenn man die Schösslinge entfernt, ist allerdings ein Mythos. Die Anzahl der Blüten hängt eher vom Wurzelraum ab, den die Pflanze einnehmen kann. Hier gilt ganz simpel: Je größer die Pflanze, desto mehr Blüten. Die gelb blühende E. aurea ist weniger verbreitet, bildet jedoch schöne Polster. Meist gehört sie zu den Elternsorten der gelb blühenden Zuchtformen.

Oben: Eine jener wunderschönen Blüten, wie sie für die Gattung *Echinopsis* typisch sind.

Einige der kleineren Echinopsis-Arten zählte man früher zu den Pseudolobivien. Ihre Blüten sind etwas kleiner, erscheinen aber in großer Zahl. Diese Pflanzen sollte man im warmen Gewächshaus ziehen, sie jedoch absonnig stellen, denn sie verdunsten während der Blütezeit enorm viel Wasser. Typische Vertreter dieser Gruppe sind *E. ancistrophora* und *E. polyancistra*. Ungewöhnliche Blütenfarben haben *E. kermesina* (karmesinrot) und *E. frankii* (dunkles Pink).

Die Echinopsis-Arten sollten während der Ruheperiode kühl stehen, das heißt bei Temperaturen etwas über dem Gefrierpunkt. Der Boden sollte gut durchlüftet sein, insgesamt aber können die Echinopsis-Arten etwas feuchter stehen als andere Kakteen. Sie reagieren gut auf Komposterde und brauchen wegen ihrer Blütenfülle einen phosphathaltigen Dünger.

● **Epiphyllum**

Die Epiphyllen nennt man gewöhnlich „Orchideenkakteen". Sie werden nicht gerade häufig kultiviert, da sie im Kakteen-Gewächshaus ihre Schwierigkeiten haben. In der Wildnis wachsen diese „Aufsitzer-Pflanzen" zusammen mit Orchideen und Bromeliaden auf anderen Pflanzen, ohne von diesen zu schmarotzen. Sie wurden schon relativ früh zur Zucht verwendet, sodass es viele Hybridformen gibt. Diese weisen nicht nur spektakuläre Blütenformen und -farben auf, sondern sind auch außerordentlich gesund und relativ tolerant, was die Umweltbedingungen angeht. Daher sind die Epiphyllen ausgezeichnete Zimmerpflanzen, solange sie ausreichend Licht bekommen.

Ihre Wachstumsbedingungen unterscheiden sich von denen trockenheitsliebender Kakteen. So sollten sie zum einen in reichhaltigerer Erde stehen, zum anderen mit mehr Stickstoff gedüngt werden. Epiphyllen lieben Humuserden. Die Zuchtformen sind kälteresistenter als die Wildformen. Trotzdem sollten sie im Winter wärmer stehen als die meisten Kakteen. Die Blüten der Hybridformen können einen Durchmesser von fast 25 cm erreichen. Außerdem findet sich bei ihnen fast jede Blütenfarbe (Blau ausgenommen).

Einige Formen, die von *E. cooperii* abstammen, weisen einen intensiven Duft auf.

Trotz all dieser guten Eigenschaften sind Epiphyllen in Gartencentern kaum je anzutreffen. Möglicherweise liegt das daran, dass die Blütezeit relativ kurz bemessen ist. Blühen sie aber nicht, so sind die Pflanzen nicht besonders attraktiv. Wenn Sie also ein Epiphyllum in Ihr Heim aufnehmen wollen, sollten Sie eine Spezialgärtnerei aufsuchen, wie sie im Verzeichnis auf Seite 145 angegeben ist.

Epiphyllen gedeihen im Sommer am besten am halbschattigen Standort. Im Winter lieben sie es trocken. Sie lassen sich recht leicht durch Stecklinge vermehren.

● Espostoa

Diese Pflanzen kommen aus der Andenregion Perus und gelten als ausgesprochen attraktiv. Die meisten haben ein dichtes, weißes Wollkleid. Sie werden zwar groß, wachsen jedoch langsam, sodass sie als Kulturpflanzen recht

Oben: *Epiphyllum* blüht mitunter in recht zarten Tönungen.

beliebt sind. In der freien Natur wachsen sie in eher felsigen Regionen, am liebsten an steilen Berghängen. Doch sie sind anpassungsfähig und scheinen sich in jedem gut entwässerten Substrat wohl zu fühlen. Zwar sind sie kältetolerant, doch sollte man sie auf jeden Fall frostfrei aufstellen.

Wie bei vielen anderen Andenpflanzen, so gibt es auch hier von Tal zu Tal unterschiedliche Formen, die sich von jenen in den angrenzenden

Oben: Eine große *Epiphyllum*-Hybride mit leuchtender Blütenfarbe

Tälern unterscheiden. Häufig haben diese Formen einen eigenen Artennamen erhalten, obwohl die Unterschiede zu bereits benannten Pflanzen gering waren. *Espostoa lanata* wurde bereits 1823 beschrieben und ist somit die am frühesten entdeckte Art dieser Gattung. Ihre einzelnen Vertreter werden recht groß und erreichen gut und gerne 2,5 bis 2,75 m Höhe, wobei sie recht kräftige Dornen aufweisen. Auch die Behaarung ist sehr borstig. *E. melanostele* hingegen wird selten höher als 1 m. Die Wolle ist weich mit langen, weißen Fäden. Die meisten Melanostele-Formen haben keine starken Dornen.

Oben: *Espostoa melanostele* zeigt ein dichtes, weißes Wollkleid, das den Kaktus in seiner natürlichen Umgebung vor zu viel Sonneneinstrahlung schützt.

Wenn die Espostoa die Blütenphase erreicht, bildet die Triebspitze auf einer Seite reichlich Flaum aus. Die Areolen bringen weiche Dornen hervor, bevor die Blüte entsteht. Diese Struktur nennt man *Cephalium*. Die Pflanzen erreichen dieses Stadium jedoch erst in fortgeschrittenem Alter und auch dann nur bei besten Bedingungen. In der Kultur gibt es daher nur selten blühende Espostoen. Experten zufolge liegt dies daran, dass das Cephalium sich in nördlicheren Regionen mit ihrem sommers wie winters unterschiedlichen Tageslichteinfall nicht ausbilden kann.

Jene Pflanzen, die man früher der Gattung *Trixanthocereus* zuordnete, werden jetzt den Espostoen zugeschlagen. Sie stammen aus einer nördlicheren Region von Peru und sind daher weniger kältetolerant, lassen sich ansonsten aber gut ziehen. Ihr borstiges Cephalium ist etwas kleiner. *Espostoa senilis* hat weiße Dornen, während *E. blossfeldiorum* graue und schwarze Dornen zieren.

● **Ferocactus**

Diese schönen, stark dornenbesetzten Fasskakteen kommen aus Mexiko und den USA. Einige werden relativ groß und blühen daher in Kultur nur selten. Trotzdem handelt es sich um beeindruckende Exemplare, die gerne kultiviert werden. Sie lassen sich leicht aus Samen ziehen, der reichlich produziert wird. Daher sind die Ferocacti häufiger Gast in Gartencentern.

Die meisten Ferocactus-Arten pflanzt man am besten in humusarmes Substrat und lässt ihnen viel Raum fürs Wurzelwachstum. Unter solchen Bedingungen reifen sie gut. Ein Problem bei der Ferocactus-Zucht ist die Tatsache, dass bei einigen Arten eine Drüse auf der Areole sitzt, die einen zuckerhaltigen Saft absondert. Stehen diese nun in feuchter Umgebung, bildet sich leicht *Aspergillus niger*, der schwarze Gießkannenschimmel, der die Pflanze zwar nicht schädigt, aber doch sehr unansehnlich ist. Man kann den Kaktus mit einer weichen Zahnbürste säubern, aber das ist natürlich eine zeitaufwändige und knifflige Beschäftigung. Mitunter hilft es, wenn man die Pflanze zur richtigen Zeit mit Wasser besprüht und den Nektar so abspült. In einigen Gewächshäusern wird er von Ameisen abgesammelt, was sehr gut hilft. In trockenem Klima stellt der Nektar ohnehin kein Problem dar.

Einige Ferocactus-Arten werden nicht ganz so groß wie die Prachtexemplare der Gattung. Dies sind die Pflanzen für Einsteiger. *Ferocactus (Hamatocactus) setispinus* ist eine kleine, sehr blühwillige Art, die gut auf der Fensterbank oder im Gewächshaus gedeiht. Die gelben Blüten haben einen roten Schlund und erscheinen den ganzen Sommer über. Die restlichen Arten eignen sich weniger als Zimmerpflanzen.

F. macrodiscus ist kleinwüchsig. Sein breiter, flacher Kugelkopf erreicht selten mehr als 15 cm im Durchmesser. Sobald er die Hälfte seiner normalen Größe erreicht hat, produziert er eine Vielzahl von attraktiv gestreiften Blüten. Ein bisschen größer ist *F. latispinus*, der etwa 30 cm im Durchmesser erreicht. Charakteristisch sind seine breiten, flachen Dornen. Die Art braucht viel Licht, um ihre spezifische Schönheit entwickeln zu können. Es gibt Sorten mit roten Dornen und purpurfarbenen Blüten, andere mit gelben Dornen und gelben Blüten. Von gleicher Größe ist *F. viridescens*, der an der südkalifornischen Küste sowie im angrenzenden mexikanischen Bundesstaat *Baja California* wächst. Der Name kommt von den typisch grün-gelben Blüten.

F. glaucescens wächst häufig in Gemeinschaft mit *Cephalocereus senilis* und *Astrophytum ornatum* in der Barranca de Metztitlán im östlichen Mexiko. Wie der Name nahe legt, hat *F. glaucescens* einen blaugrünen Stamm, der bis zu 30 cm im Durchmesser erreicht. Die Art bildet kleine Polster von sechs bis acht Köpfen. Dornen und Blüten sind gelb. Sie braucht etwa zehn Jahre, bevor sie zum ersten Mal Blüten ansetzt.

F. robustus hingegen bildet eher kleine Kugeln von höchstens 15 cm Durchmesser aus. Doch die Art bildet große Polster mit mehreren Hundert Köpfen. Die Sämlinge wachsen schnell. Leider blüht die Pflanze in Kultur eher schlecht.

Aufgrund der massiven Polsterbildung braucht sie auch recht viel Platz.

F. stainesii ist eine der starkwüchsigeren Ferocactus-Sorten. In der freien Natur bildet sie imposante Säulen von 2,5 m Höhe und 0,6 m Durchmesser aus. Häufig treibt sie bis zu einem Dutzend Ableger. Zur Blütezeit zeigen sich am Scheitel schöne Ringe von leuchtend orangeroten Blüten über den attraktiven roten Dornen, die im Alter grau werden. Innen sind die Blüten gelb. In Kultur wächst die Art langsam. Unser größtes Exemplar hat noch nie geblüht, obwohl es schon relativ alt sein muss. *F. stainesii* wird gewöhnlich durch Samen vermehrt.

Ein recht großer Solitär ist *F. wislizenii*, der in etwa im selben Verbreitungsgebiet wächst wie die *Carnegiea*. Wie diese liebt die Art es sonnig und heiß. Ihre langen, gebogenen Dornen

Oben: *Ferocactus chrysacanthus* ist mit seinen besonders schönen goldgelben Dornen eine der kleineren Ferocactus-Arten.

Oben: *Gymnocalycium denudatum* blüht in leuchtend weißen Sternen.

und die gelben Blüten machen die Pflanze gleichwohl attraktiv. Ebenso aus Arizona kommt die Art *F. acanthodes*, die jedoch Polster bildet. Ihre langen, roten Dornen lassen sie recht farbenprächtig erscheinen. Wenn *F. acanthodes* nicht genügend Sonne und Wärme bekommt, wächst die Pflanze nur langsam. Die Art braucht durchlässigen Boden und eine nicht zu kühle Ruhephase im Winter.

● **Gymnocalycium**

Die Gattung der Gymnocalycien stammt aus Südamerika. Dort kommen sie in Argentinien, Paraguay, Uruguay und in Teilen von Bolivien vor. Daher sind sie relativ tolerant gegenüber verschiedensten Umweltbedingungen und so in Kultur leicht zu ziehen bzw. zum Blühen zu bringen. Man erkennt sie übrigens leicht an den schuppigen Blütenknospen.

Gymnocalycium bruchii kommt in vielen verschiedenen Sorten vor. Die kleinen Kugeln können sich zu recht großen Polstern auswachsen. *G. bruchii* blüht weiß oder blassrosa.

G. baldianum ist weit verbreitet und bei Kakteenfreunden recht beliebt. Die Art ist ausgesprochen blühwillig und zeigt rote bis purpurfarbene Blütentöne. Auch *G. baldianum* treibt Schösslinge, die Polster werden aber nicht so groß wie bei *G. bruchii*. *G. andreae* ist dieser Art recht ähnlich, nur ist ihre Blüte von klarem Gelb. *G. quehlianum* wächst langsamer und meist als Solitär. Ihre Blütensterne sind silberweiß. Auch einige größer wachsende Arten gibt es. Zu ihnen gehört beispielsweise *G. saglionis*. Ihre Vertreter erreichen mitunter einen Durchmesser von beachtlichen 45 cm. Der Nachteil an den starkwüchsigen Sorten ist, dass sie einen Durchmesser von mindestens 10 cm erreichen müssen, bevor sie die erste Blüte ansetzen. Mitunter täuschen auch Kakteennamen. *G. multiflorum*, die „Vielblütige", blüht nämlich – verglichen mit den anderen Vertretern der Gattung – eher spärlich. Allerdings sind die Blüten größer als die der „Geschwister".

G. mihanovichii hat sich in der Kultur als eher schwierig erwiesen, da die Art es wärmer braucht als der Gattungsdurchschnitt. Dafür blüht sie schon in jungen Jahren. Sie hat viele Sorten hervorgebracht, unter anderem eine interessante purpurfarbene Unterart. Eben diese ist für eine der Merkwürdigkeiten der Kakteenwelt verantwortlich.

Wenn Kakteen aus Samen gezüchtet werden, gibt es mitunter chlorophyllfreie Mutationen. Normalerweise wären diese „Mutanten" nicht lebensfähig, weil ihnen die Fähigkeit zur Fotosynthese fehlt und sie somit nicht in der Lage sind, sich Nahrung zu verschaffen. In Japan allerdings hat man einige dieser Sämlinge auf eine grüne Unterlage gepfropft. Da den chloro-phyllfreien Kakteen aus der purpurfarbenen Unterart der grüne Farbstoff fehlt, sind die Mutanten leuchtend rot. Nach der Pfropfung erhalten wir also einen Kaktus mit grünem Körper und rotem Kopf. Da diese Pfröpflinge beim Käufer großen Anklang finden, werden sie in großen Mengen vermehrt. Manchmal findet man sie unter dem Namen „Hibotan" im Angebot. Sie können nur als Pfröpflinge existieren. Damit sie gesund bleiben, sollten sie von Zeit zu Zeit erneut auf eine wüchsige, grüne Unterlage gepfropft werden. Es gibt auch Varianten mit rosarotem Kopf, gelb wird die Art, wenn dem chlorophyllfreien Kaktus auch noch der rote Farbstoff fehlt.

Auch *G. horridispinum*, die „schrecklich Bedornte", sollte in keiner Sammlung fehlen. Sie wächst etwas schlanker und höher als die anderen Vertreter der Gattung und zeigt lange Dornen. Schösslinge treibt sie nur hin und wieder, aber die pinkfarbenen Blüten sind höchst attraktiv.

Oben: *Gymnocalycium mihanovichii* blüht schon, wenn der Kaktus noch recht klein ist, erfordert jedoch einen erhöhten Pflegeaufwand.

G. gibbosum ist eine recht verbreitete Art mit kräftigen Dornen und großen, weißen Blüten. Wenn sie aus dem südlichen Argentinien kommen, sind sie vergleichsweise kältetolerant. Der Stamm von *G. denudatum* weist nur fünf Rippen auf. Der flachkugelige Kaktus bildet kleine Polster. Die Dornen sind leicht verdreht und stehen nicht ab, sondern weisen zur Seite oder nach unten. *G. horstii* ist das Wachstumsgenie unter den Gymnocalycien und bildet recht große Polster aus. Die Blütenfarbe reicht von zartem Pink bis hin zu intensivem Lachsrosa.

● Haageocereus

Haageocereus ist eine Säulenkaktusgattung aus Peru. Viele Haageocereus-Arten haben ein dichtes Kleid aus kräftigen, goldgelben Stacheln. Sie sind leicht aus Samen zu vermehren und werden daher in Kakteengärtnereien häufig angeboten. Um sich gut zu entwickeln, brauchen sie allerdings viel Sonne. Als Zimmerpflanzen sind sie daher nicht geeignet.

Blühen werden die Haageocereus-Arten nur sehr selten, wenn ihre Wurzeln nicht frei wachsen können. Die Arten unterscheiden sich nur wenig voneinander. Die am meisten verbreitete ist wohl *Haageocereus multicolorspinus*, deren Dornenfarbe sich im Alter verändert. *H. decumbens* zeigt niederliegendes Wachstum und blüht bereitwilliger als die Gattung.

● Hildewinteria

Diese Gattung umfasst nur eine Art: *Hildewinteria aureispina*. Die Pflanze hat goldgelbe Dornen und wächst zu Stämmen von 0,6 bis 1 m Höhe heran.

Sie treibt bereitwillig Schösslinge, sodass sich schöne Polster bilden. Da sie sich gerne ausbreitet, kann die Kultur schwierig werden, wenn Sie nicht über genug Platz verfügen. Am besten stellt man sie auf ein kleines Podest, damit sie die anderen Pflanzen überragt. Sie treibt wunderschöne, leuchtend karmesinrote Blüten, die in großer Zahl erscheinen. *H. aureispina* hat vermutlich die längste Blütezeit von allen Kakteenarten.

● Lobivia

Der Gattungsname ist ein Anagramm von „Bolivien", dem Land, in dem die Lobivien hauptsächlich vorkommen, auch wenn einige Arten in den angrenzenden Regionen von Peru leben. Allesamt wachsen sie nur in großer Höhe. Sie lassen sich in Kultur gut ziehen und blühen recht willig, selbst wenn die Blüten nicht lange halten. Da die Blüten der Lobivien sich tagsüber öffnen, lassen sie sich gut mit den nachtblühenden Echinopsis-Arten kombinieren. Lobivien brauchen viel Licht und dürfen im Winter nicht zu warm stehen, sonst verweigern sie die Blüte.

Lobivia silvestrii (syn. *Chamaecereus silvestrii*) setzt eine Fülle von orangefarbenen Blüten an und lässt sich leicht aus Setzlingen vermehren. Wässern und düngen Sie während der Wachstumsperiode reichlich. Blühen wird *L. silvestrii* allerdings nur, wenn sie während der Ruhezeit trocken und kühl stand. Die Art eignet sich gut zur Züchtung, daher gibt es zahllose Hybridformen mit einem breiten Spektrum an Blütenfarben. Außerdem lässt sie sich leicht mit anderen Kakteen kreuzen.

Viele Lobivien wie zum Beispiel *L. densispina* bringen zahlreiche verschiedene Formen hervor, die sich in Blüten- und Dornenfarbe unterscheiden. Dass sie einer Art angehören, lässt sich eigentlich nur am gemeinsamen Merkmal der dichten Bedornung erkennen.

Lobivien reagieren stark auf ihre Umweltbedingungen. Wachsen sie bei spärlichem Lichteinfall heran, zeigen sie im Vergleich zur Art verlängerte Stämme und schwache Dornen. Auch *L. jajoiana* weist zahllose Blütenfarben auf. Die Art bleibt etwas kleiner als *L. densispina* und treibt nur selten Schösslinge. Sie ist leicht zu erkennen, da die Staubgefäße verschmolzen sind und der Blüte gleichsam einen dunklen „Kragen" verleihen. *L. backebergii* zeigt eher langweilige, grüne Stämme, bildet aber große Polster, die sich zur Blütezeit mit zahlreichen, leuchtend roten Kelchen überziehen. Sie lässt sich leicht in Kultur ziehen. *L. winteriana* hingegen bleibt kleiner. Ihre Triebe sind dünner, sie setzt weniger Seitentriebe an, doch ihre Blüten

Oben: *Lobivia jajoiana* blüht in vielen verschiedenen Farbtönen. Die Art treibt selten Schösslinge und bleibt recht klein.

sind von zauberhaft zartem Pink. *L. shieliana* treibt in recht kleinen Kugeln, die jedoch große, vielköpfige Polster ausbilden. Die Dornen rollen sich ein und zeigen bei manchen Formen eine schöne weiße oder cremefarbene Tönung, die mit den leuchtend roten Blüten kontrastiert. Noch kleiner sind die Köpfe von *L. arachnacantha*, die rot oder gelb blüht. Diese Lobivie sieht aus wie ein Miniatur-Echinops.

Einige Lobivien wachsen sich zu recht großen Exemplaren aus, die man mitunter einer eigenen Gattung mit der Bezeichnung *Soehrensia* zuordnet. Diese wiederum ähneln stark einigen Trichocereus-Arten. Sie können in Durchmesser und Höhe beträchtliche Maße erreichen, blühen aber erst in hohem Alter. Ein typischer Vertreter dieser Art ist *L. bruchii*.

Sehr attraktiv zeigt sich auch *L. formosa*, die eine sehr schöne Bedornung aufweist. Wollen Sie diese Pflanzen ziehen, sollten Sie sie von Anfang an in große Gefäße setzen oder dafür sorgen, dass ihre Wurzeln möglichst viel Raum bekommen, da sie ihr Wachstumspotenzial sonst nicht erreichen.

● **Lophophora**

Die Gattung umfasst nur einige Arten, diese aber sind weltbekannt. *Lophophora williamsii* ist der berühmte Peyote-Kaktus, den man wegen seiner Knollenform auch „Schnapsnase" nennt. Mit dem hohen Gehalt an Halluzinogenen und Alkaloiden wie zum Beispiel Meskalin hat das nichts zu tun. Die Indianer Nord- und Südamerikas nutzten Peyote für ihre religiösen Zeremonien. Wissenschaftler und Laien haben den Effekt dieser Substanz gründlich studiert. Sie erzeugt nachgewiesenermaßen lebhafte visuelle Halluzinationen in starken Farben. Unglücklicherweise rufen die im Kaktus enthaltenen Alkaloide einen starken Brechreiz hervor, was zu unangenehmen Nebenwirkungen führt. Die wenigen zugänglichen Informationen lassen vermuten, dass die in Europa gezogenen Pflanzen geringere Konzentrationen der Alkaloide enthalten als die in der Wildnis wachsenden. In den USA und einigen anderen Ländern ist der Anbau und Besitz der Pflanze verboten. In Europa hingegen hat sie weite Verbreitung gefunden. Wenn Sie Zweifel haben, ob Sie diese Pflanze in Ihrem Land kultivieren dürfen, fragen Sie bei den lokalen Behörden (der Polizei) nach.

L. williamsii ist leicht zu kultivieren und blüht bereitwillig. Er wächst in weiten Teilen des nördlichen Mexiko und des südlichen Texas. Die Art umfasst verschiedene Formen. Alle sind dornenlos. Die großkugeligen Formen bilden nur langsam Polster. Meist ist die Epidermis blaugrün und zeigt auf den Areolen wollige Tuffs von gelber oder cremefarbener Tönung. Die schneller wachsenden Formen sind ein wenig blühfaul. Die Blütenfarben reichen von Blassrosa bis zu tiefem purpurschattiertem Pink.

● Mammillaria

Die Mammillarien sind eine der artenreichsten Kakteengattungen überhaupt und ganz sicher eine der beliebtesten. Es gibt vermutlich über 300 Arten, die meist aus Mexiko bzw. den USA kommen. Einige davon finden sich auch auf den Westindischen Inseln und an der Nordküste Südamerikas. Die Mammillarien erfreuen sich so großer Beliebtheit, dass es einen eigenen Verein der Mammillarienfreunde gibt.

Für Anfänger sind Mammillarien ideale Pflanzen. Sie wachsen schnell, können gut aus Samen angezogen werden und blühen schon in jungen Jahren. Die Blüten sind zwar recht klein, erscheinen aber in großer Zahl. Viele Arten treiben bereitwillig Schösslinge und bilden schöne, dichte Polster. Mammillarien vertragen alle möglichen Substrate. Nur einige der langsamer wachsenden Arten sollten auf mehr Kies stehen.

Eine der am meisten verbreiteten Arten ist *Mammillaria zeilmanniana*, die dichte, pinkfarbene Blütenringe und kurze, gebogene Dornen

Oben: *Mammillaria elegans*

Oben: *Mammillaria nazacensis* – ebenfalls ein Miniaturkaktus, dessen Entdeckung noch nicht lange zurückliegt. Diese Art wächst vorzugsweise auf mit Kies durchmischter Komposterde.

trägt. Die Pflanze selbst ist klein, doch da sie bereitwillig Seitentriebe ansetzt, werden schnell große Polster daraus. Die kleineren Pflanzen sind leicht zu kultivieren, die Polster verlangen schon etwas mehr Fingerspitzengefühl, vor allem beim Gießen. *M. zeilmanniana* kommt in einer weißblütigen Form vor, doch dieser fehlen einige der guten Eigenschaften der pinkfarben blühenden „Schwester".

M. bocasana ist *M. zeilmanniana* recht ähnlich, doch ihr Körper ist mit weißer Wolle bedeckt und trägt weiße oder zartrosafarbene Blüten. Sie entwickelt auch in Kultur recht respektable Polster. Allerdings verbergen sich unter der Wolle angelhakenförmig gebogene Dornen. Wenn Sie sich darin verfangen, ziehen Sie keinesfalls die Hand zurück, sondern haken Sie die Dornen einzeln wieder aus. *M. bombycina* wird größer, treibt viele hundert Köpfe von beträchtlichem Umfang. Sie zeigt schöne, längere Dornen, teilweise in Braun bzw. Gelb. Die Blüten sind von blassem Pink. *M. camptotricha* wächst ebenfalls in großen Polstern mit verlängerten Stämmen und langen, verdrehten Dornen. Die kleinen weißen Blüten verströmen einen charakteristischen Duft.

Einige Mammillaria-Arten zeigen die unterschiedlichsten Formen. *M. elongata* zum Beispiel hat einen verlängerten Stamm, doch das ist auch schon alles, was den Dutzenden von Sorten mit ihren unterschiedlichen Dornenfarben, Wuchsformen und -höhen gemein ist. Allesamt bilden sie große Polster und zeigen weiße bzw. cremefarbene Blüten. Etwas kleiner, aber weit verbreitet, ist *M. gracilis*, dessen Seitentriebe leicht abfallen und Wurzeln schlagen. Blüten und Mitteldornen werden erst ausgebildet, wenn der zentrale Kopf des Polsters die entsprechende Größe erreicht hat.

M. geminispina ist ebenfalls eine recht beeindruckende Art mit langen, weißen Dornen. Sie lässt sich leicht kultivieren, blüht aber erst, wenn sie eine respektable Größe erreicht hat. Wie einige andere Mammillarien-Arten hat sie große, auffällige Blüten. Obwohl *M. longimamma* vielleicht nicht ganz so attraktiv ist wie

Oben: *Mammillaria deherdtiana*, ein erst kürzlich entdeckter Miniaturkaktus

andere Arten, so zeigt sie doch während der Blütezeit gelbe Blüten von beinahe 5 cm Durchmesser.

Die Blüten von *M. surculosa* sind vielleicht ein wenig kleiner, doch dafür duften sie nach Zitrone. *M. surculosa* bildet große Polster aus zahlreichen kleinen Köpfen. Wenn diese dann in Blüte stehen, erwartet Sie ein regelrechter Blütenteppich.

M. candida hat höchst interessante weiße Dornen, setzt aber nur selten Seitentriebe an. Sie liebt einen sonnigen Standort. *M. elegans* wächst recht langsam und hat winzige, leuchtend rote Blüten. *M. guelzowina* hingegen sieht zwar auf den ersten Blick wie *M. bocasana* aus, zeigt jedoch sehr große Blüten in einem intensiven Rot mit pinkfarbenen Tönen. Leider ist die Art recht schwierig in der Kultur. Sie sollte in einer Komposterde mit gutem Wasserabfluss stehen und sehr vorsichtig gegossen werden.

M. matudae ist blühfreudig und eine ausgezeichnete Pflanze für die Kakteensammlung. Manchmal allerdings wachsen die Walzen zu

lang und legen sich auf die Erde, was die Positionierung der Pflanze im Kakteengarten erschwert. Häufig sieht man auch die verschiedenen Sorten von *M. woodsii*. Sie wachsen normalerweise zu recht ansehnlichen Solitären heran und setzen nur selten Seitentriebe an. Wie viel Wolle sie zeigen, ist von Sorte zu Sorte verschieden, die Blüten allerdings sind immer klein und pinkfarben. *M. plumosa* mit ihren hübschen, fedrigen Dornen gehört ebenfalls zu den beliebteren Arten. Anders als die meisten Kakteen blüht sie im Winter. Dies allerdings nur, wenn genügend Sonnenlicht verfügbar ist.

M. rhodantha wird ebenfalls in verschiedenen Sorten kultiviert. Wie *M. elongata* zeigt die Art viele verschiedene Dornenfarben. Wie bei anderen Mammillarien-Arten kommt es auch hier gelegentlich zum Aufsplitten des Vegetationspunktes, was mehrarmiges Wachstum ergibt. Eine andere Pflanze, bei der dies vorkommen kann, ist *M. parkinsonii*, eine Art mit dichten, weißen Dornen. *M. spinosissima* ist eine andere, ausgezeichnete Blühpflanze, bei der sich häufig gleich mehrere Blütenringe zur selben Zeit öffnen. *M. heyderii* hingegen zeigt eine völlig andere Wuchsform. Die Pflanze bildet flache, breite Köpfe aus.

Der Kenner wird sich auf Sonderformen der *Mammillaria* konzentrieren, zum Beispiel auf die zwergwüchsigen wie *M. herrerae*, deren dichte, weiße Dornen sich auf einem winzigen Körper von höchstens 2,5 cm Durchmesser ineinander schieben. Für ihre Größe treibt die Art außerdem recht beachtliche pinkfarbene Blüten. Die meisten Mammillarien sind Kulturpflanzen, die einen zweiten Blick mehr als lohnen. Eine gut konzipierte Mammillarien-Sammlung sorgt beinahe das ganze Jahr über für Blütenfreuden und hält das Sammler-Interesse ständig wach.

● **Matucana**
Diese Kakteen kommen aus den Höhenlagen Perus. Sie brauchen viel Licht. Ihre attraktive Bedornung macht sie zu wertvollen Kulturpflan-

Oben: *Mammillaria hahniana* ist eine langsam wachsende, Polster bildende Art mit langen weißen Haaren.

zen. Einige Arten treiben Schösslinge und bilden hübsche, kleine Polster.

In Kultur am meisten verbreitet ist wohl *Matucana haynei*, deren Spektrum zahlreiche Formen mit unterschiedlichen Dorn- und Blütenfarben umfasst. Die Blütenfarbe variiert von Karmesin- bis Scharlachrot. Die Blüten sind etwa 5 cm lang und zygomorph, d. h. lateral-symmetrisch. *M. aureiflora* zeigt große, etwas abgeflachte Köpfe, ist weniger bedornt und hat normal gebaute Blüten. Einige weniger bedornte Matucana-Arten wie zum Beispiel *M. paucicostata* und M. *madisonorium* wachsen auch in geringeren Höhen.

● **Melocactus**
Diese Gattung wächst in mehreren Ländern. Alle Melocactus-Arten brauchen vergleichsweise hohe Wintertemperaturen, um zu überleben, da sie aus recht warmen Regionen kommen.

Einige Arten stammen von den Westindischen Inseln, andere aus dem Süden Mexikos, doch es gibt auch Vorkommen in der nördlichen Küstenregion Südamerikas. Eine weitere Gruppe gedeiht in den tiefen Küstentälern Perus, doch auch in Brasilien gibt es zahlreiche Melocactus-Arten. Allen gemeinsam ist der „Cephalium" genannte Auswuchs an der Triebspitze, aus welchem Blüten und Früchte sprießen.

Alle Arten wachsen kugelförmig oder kurzzylindrig. Wenn die Pflanzen ein gewisses Alter erreichen, verändern sich die Areolen an der Triebspitze und bringen neues, nicht fotosynthese-fähiges Gewebe hervor, das von dichtem, weißem Filz, später auch von roten bzw. bräunlichen Borsten bedeckt ist. Das Cephalium kann jahrelang mitwachsen und bringt – nur am Nachmittag – die unscheinbaren, rosafarbenen Blüten hervor, aus denen sich Monate später die gleichfalls rosafarbenen Früchte entwickeln. Viele Arten sind selbst-fruchtbar und bringen, wenn sie ausgereift sind, eine Unmenge an Blüten, Früchten und Samen hervor. Wie groß die Pflanze wird, ist von Art zu Art verschieden. Natürlich brauchen die größeren Pflanzen länger, bis sie den blütenfähigen Reifegrad erlangen.

Auch scheinen junge Pflanzen gegen Kälte widerstandsfähiger zu sein als reifere mit Cephalium. Generell jedoch ist für die Melocactus-Arten ein guter Wasserabzug wichtig.

Die am einfachsten zu ziehenden Melocactus-Arten kommen zweifellos aus Brasilien. *Melocactus concinnus* und *M. bahiensis* können innerhalb von acht bis zehn Jahren aus Samen gezogen und zum Blühen gebracht werden. Sie breiten ihre Wurzeln gerne aus und wachsen besser in Schalen als in hohen Töpfen. Kalkhaltige Erde tolerieren sie überhaupt nicht, daher ist es besser, dafür zu sorgen, dass das Substrat nicht durch Ablagerungen im Gießwasser zu basisch wird. Die Melocactus-Arten brauchen keine lange Winterruhe. Auf jeden Fall müssen sie im Winter gegossen werden. *M. azurei*, eine brasilianische Art mit einem wunderschön blaugrünen Körper, scheint in der Kultur ein wenig schwieriger als *M. bahiensis*. Sie muss im Winter warm stehen.

Die Melocactus-Arten aus den Küstenregionen Venezuelas und Mexikos sowie von den Westindischen Inseln werden meist größer als die brasilianischen Arten. Wenn sie warm genug stehen, können Sie bald recht prächtige Solitäre bewundern. Die einzige Ausnahme ist *M. matanzanus*, eine aus Kuba stammende, recht kleinwüchsige Art, vielleicht die kleinste Melocactus-Art überhaupt. Sie bildet das Cephalium im Alter von etwa sechs Jahren aus, wenn sie etwa 8 cm Durchmesser erreicht hat. Das Cephalium ist recht auffällig, ist es doch mit einem dichten, roten Borstenpelz besetzt.

Die aus Peru stammenden Arten sind vermutlich die am schwierigsten zu kultivierenden der ganzen Gattung. Sie wachsen in sehr trockenen Gegenden und sind gegen Staunässe enorm empfindlich. Einige allerdings – wie zum Beispiel *M. belavistensis* – geben höchst attraktive Pflanzen ab. Alle Melocactus-Arten brauchen so viel Sonne wie irgend möglich.

● **Neobuxbaumia**

Diese kleine Gruppe von mexikanischen Cereiden zählte früher zur Gattung Cephalocereus, obwohl sie vor der Blüte kein Cephalium hervorbringt. Neobuxbaumia-Arten, die nach dem österreichischen Botaniker Franz Buxbaum benannt wurden, werden recht groß und brauchen viel Platz. Sie blühen nachts. Sobald sie die richtige Größe zum Blütenansatz erreicht haben, was auch in Kultur geschieht, bringen sie regelmäßig zahlreiche Blüten hervor.

Die am einfachsten und schnellsten zu ziehende Art ist *Neobuxbaumia euphorbioides* aus dem Norden Mexikos. Sie wächst zwischen 15 und 20 cm pro Jahr und beginnt ab einer Höhe von 1,2 bis 1,5 m zu blühen. Die Blüten haben einen Durchmesser von 5 cm und sind von blassrosa Farbe. *N. euphorbioides* wächst besser mit einer Mindesttemperatur von 5° Celsius.

N. polylopha stammt aus Zentralmexiko und wächst deutlich langsamer, zumindest in jungen Jahren. Der Stamm ist sehr viel dicker als bei *N. euphorbioides*. Er hat mehr Rippen und wächst etwa 5 bis 8 cm pro Jahr. Unser Exemplar ist etwa 1,2 m hoch und blüht regelmäßig seit 1996. Die Blüten sind kleiner als bei *N. euphorbioides*, aber auch intensiver in der Farbe. Die Art stellt das Wachstum ein, wenn sie nicht warm gehalten wird. Erstaunlicherweise gibt es trotzdem recht große Exemplare außerhalb der natürlichen Umgebung, zum Beispiel in den Gärten von Monaco und an der Französischen Riviera. Am Ende erreicht die Art gut und gern 6 m Höhe. Andere Arten wie *N. tetetzo* eignen sich nicht zur Kultur.

● **Neoporteria**

Diese Gruppe von Kakteen kommt vorzugsweise aus Chile, nur einzelne Arten kommen auch in Argentinien bzw. Peru vor. Im Gewächshaus gedeihen sie gut. Sie blühen schon in jungen Jahren, brauchen aber einen guten Lichteinfall. Als Zimmerpflanzen blühen sie vermutlich nicht. Die meisten Neoporteria-Arten kommen aus recht trockenen Gegenden und brauchen daher ein mineralisches Substrat mit gutem Wasserabzug. Beim Gießen sollten Sie Vorsicht walten lassen, vor allem, wenn es sich um Arten mit Pfahlwurzel handelt. So ganz einig sind die

Gelehrten sich noch nicht, was diese Gattung angeht, daher können Sie einzelne Pflanzen auch unter den Gattungsnamen *Neochilenia*, *Pyrrhocactus* und *Horridocactus* finden.

Dabei sind die Neochilenia-Arten recht kleinwüchsig. Die meisten haben lange Pfahlwurzeln. Wenn sie blühen, zeigen sie einen unerwarteten Blütenreichtum in zarten Farben – blasses Rosa und Creme überwiegen. Die Blüten werden bis zu 5 cm groß. Häufig zeigen die Neochilenia-Arten auch eine interessante Körperfarbe mit Purpurschattierungen und Brauntönen. Sie setzen langsam Seitentriebe an und bilden recht kleine Polster. Typische Vertreterinnen sind *Neoporteria napina* und *N. esmeralda*. Doch es gibt auch größere, weniger bedornte Arten wie *N. paucicostata*.

Die Pflanzen, die im engeren Sinne zur Gattung *Neoporteria* gehören, haben gewöhnlich ein dichtes, vogelnestähnliches Dornenkleid. Ihre unscheinbaren, pinkfarbenen Blüten öffnen sich nur teilweise und zeigen ein helleres Zentrum. Bei einigen Arten zeigen die Blüten sich – wenig typisch – in der Zeit zwischen Herbst und Winter. Attraktiv sind hier vor allem die Dornen, die im Alter länger werden. Typische Vertreter dieser Gattung sind *N. villosa*, *N. wagenknechtii* und *N. nidus*.

Eine weitere Untergruppe mit kräftigen Dornen wurde der Gattung *Horridocactus* zugeordnet. Ihre Blüten sind grünlich oder kupferfarben getönt. Im Vergleich zu den anderen Neoporteria-Arten brauchen sie etwas länger, bis sie Blüten ansetzen. Ein typischer Vertreter dieser Gattung ist *N. tubersiculata*.

- **Notocactus**

Diese beliebte Kakteengruppe kommt in Uruguay, Paraguay, Argentinien und im Süden von Brasilien vor. Die meisten Arten sind leicht zu ziehen und blühen auch in Kultur ohne Probleme. Notokakteen geben gute Zimmerpflanzen ab. Sie schätzen ein leicht saures, torfbasiertes Substrat. Die trockene Winterruhe sollte nicht allzu lange dauern. Zahlreiche Arten von Notocactus sind kulturwürdig, daher findet sich auch

Oben: *Neoporteria villosa* **zeigt winzige pinkfarbene Blüten und die typische, vogelnestähnliche Bedornung der Art.**

eine Vielzahl von Sorten mit den verschiedensten Blütenfarben.

Notocactus ottonis ist eine beliebte Art, die sich am natürlichen Standort über verschiedene Regionen ausgebreitet hat und daher den unterschiedlichsten Umweltbedingungen gerecht wird. Die Art formt ein dichtes unterirdisches Sprossgeflecht, das schließlich zur Ausbildung von großen Polstern führt. Die Blüten zeigen ein helles Gelb, erscheinen im Frühling und messen etwa 5–8 cm im Durchmesser. *N. mammulosus* ist ebenso leicht zu ziehen. Verglichen mit *N. ottonis* zeigt diese Art kräftigere, schärfere und flachere Dornen. Die Blüten sind gelb und glockenförmig. *N. concinnus* wächst meist als Solitär mit langen, gelockten Dornen. Die Blüten sind ausgesprochen groß, bis zu 10 cm im Durchmesser, und erscheinen in großer Fülle.

Oben: *Notocactus leninghausii* ist eine beliebte, weit verbreitete Art.

Auch die jüngere Entdeckung, *N. uebelmannianus*, wächst üblicherweise als Solitär. Die Blüten sind etwas kleiner, haben jedoch eine schöne Farbschattierung, die von Pink bis Purpur reicht. Die größeren Vertreter der Art werden häufig als eigene Gattung geführt: *Eriocactus*. Zu ihnen gehört eine der beliebtesten Arten, nämlich *N. leninghausii*, die recht häufig kultiviert wird. Die zahlreichen Rippen und goldgelben Dornen machen die säulig wachsende Art zu einem der attraktivsten Vertreter der Gattung. Wie Sie auf dem Foto sehen, bildet *N. leninghausii* dichte Polster aus. Die Art blüht etwas später als der Rest der Gattung, doch die Blüten treten in so großer Zahl an der Triebspitze hervor, dass der Liebhaber gerne wartet. Die Blüten von

N. leninghausii halten lange und bleiben – was ungewöhnlich ist – über Nacht geöffnet. Die Triebspitze zeigt sich, gerade bei älteren Pflanzen, häufig abgeschrägt. *N. magnificus*, eine erst kürzlich entdeckte Art, ist eng mit *N. leninghausii* verwandt. Die Art zeigt breitere Säulen mit wenigen, aber tiefen Rippen und einer blaugrünen Körperfarbe. Auch sie wächst zu schönen Polstern heran und kann recht beeindruckende Exemplare ausbilden.

Die kleinwüchsigen Arten werden von *N. rutilans* angeführt, deren Vertreter kaum je 8 cm in der Höhe und 5 cm im Durchmesser überschreiten. Diese Art blüht schon, wenn die Pflanze noch recht klein ist. Die pinkfarbenen Blüten haben einen gelben Schlund. *N. scopa* ist eine ebenfalls recht verbreitete Art, die mit vielen verschiedenen Dornenfarben aufwartet. Die meisten Formen wachsen als Solitär und haben üblicherweise gelbe Blüten. Sehr interessant ist auch *N. haselbergii*. Die Pflanze wächst kugelförmig und zeigt eine Vielzahl von glasig weißen Dornen. Ihre leuchtend roten Blüten halten lange. Die ähnliche, gelb bedornte Art *N. graessnerii* blüht gelblich grün und zeigt eine ebensolche Bedornung. Beide gedeihen gut im Halbschatten. Die Vermehrung erfolgt durch Samen.

● Opuntia

Die Opuntien sind die größte Unterfamilie unter den Kakteengewächsen. Ihre etwa 300 Arten sind über den ganzen amerikanischen Kontinent verteilt und wachsen von Kanada im Norden bis nach Patagonien im äußersten Süden, von den Westindischen Inseln bis zu den Galapagosinseln im Osten. Da die Unterfamilie der Opuntien so umfangreich ist, wurden zahlreiche Versuche unternommen, sie in kleinere Einheiten

Oben: *Opuntia vestita* wächst zylinderförmig und bildet schöne Polster. Sie kommt aus Südamerika.

zu unterteilen. Die Opuntien, die man auch „Feigenkakteen" nennt, sind Anpassungskünstler, die sich an viele unterschiedliche Umweltbedingungen angleichen können. In einigen Regionen wurden sie regelrecht zum Unkraut.

Auf den Areolen aller Opuntien sitzen spezielle Dornen, so genannte „Glochiden". Diese haben winzige Widerhaken, die sich bei der geringsten Berührung in der Haut verhaken und nur sehr schwer wieder zu entfernen sind. Da sie die Haut stark reizen und Entzündungen verursachen können, müssen Sie beim Umgang mit Opuntien Vorsicht walten lassen. Ziehen Sie die Glochiden mit einem Klebstreifen ab oder versuchen Sie, sie abzuwaschen. Reiben Sie dabei immer nur in eine Richtung, um die Widerhaken nicht noch tiefer in die Haut zu treiben. Bei manchen Opuntien-Gattungen sitzen die Glochiden auf den Dornen, was noch schmerzhafter sein kann. Aus diesem Grund sind die Opuntien in Sammlerkreisen nicht gerade beliebt, was schade ist, denn viele zeigen höchst interessante Formen und haben ausgesprochen attraktive Blüten. Einige Opuntien werden sehr groß, was sie für die Haltung in kleineren Sammlungen ungeeignet macht. Daher stellen wir hier in erster Linie die kleineren, langsamer wachsenden Arten vor.

Oben: *Opuntia ficus-indica* im Gewächshaus zeigt, wie groß die voll ausgewachsene Pflanze wird.

Am bekanntesten sind zweifellos jene Arten mit den abgeflachten, scheibenförmigen Trieben. Unter ihnen sticht vor allem *Opuntia microdasys* hervor. Diese mexikanische Art besitzt viele Glochiden, aber keine Dornen. Meist sind die Glochiden braun, bei der Jungpflanze tendieren sie ins Gelbliche und dunkeln später nach. Typischerweise erreichen die Scheibentriebe einen Durchmesser von 5 bis 8 cm. *Opuntia microdasys* blüht gelb.

Viele Opuntien werden der Früchte wegen kultiviert, die man roh isst oder zu Marmelade bzw. Chutney verarbeitet. Aus diesem Grund wurden von den Züchtern viele nahezu dornenlose Sorten entwickelt. Einige davon stammen von *O. ficus-indica* ab. Diese Art ist jedoch für gärtnerische Zwecke ungeeignet, weil sie zu groß wird.

Viele ansprechende Arten kommen aus dem Süden der USA. Dazu zählen zum Beispiel *O. violacea*, deren Triebe ein dunkles Purpur aufweisen. Ihre Dornen sind tiefschwarz, die Blüten leuchten gelb mit roter Mitte. Sehr ähnlich ist *O. chlorotica*, die etwas größer wird. Ihre Triebe sind blautoniger als die von *O. violacea*. Zu den schönsten Arten gehört zweifellos *O. basilaris*, die in Kalifornien und Arizona wächst. Sie bildet kleine Polster von niederliegenden, scheibenoder herzförmigen Trieben, die einen leichten Blaugrün-Ton aufweisen. Die Blüten strahlen in leuchtendem Kirschrot. Sie sollte im Winter nicht zu warm stehen, da sie sonst nicht blüht. *O. basilaris* ist vergleichsweise winterhart. Ähnlich ist *O. erinacea*, die von langen, weißen Stacheln bedeckt ist. Von ihr gibt es verschiedene Varietäten mit pinkfarbenen bzw. gelben Blüten. *O. erinacea* überlebt auch in vergleichsweise kalten Gegenden. Einige Opuntien wachsen im Norden der USA. Zu ihnen gehört zum Beispiel *O. polyacantha*. Die Art wächst langsam. Die Triebe liegen flach am Boden und sind sogar unter extremer Kälte winterhart.

In Mexiko finden sich die meisten Opuntien mit scheibenförmigen Trieben, unter anderem eine der größten Opuntien-Arten, *O. robusta*. Ihre Triebe erreichen mitunter einen Durchmes-

Oben: *Opuntia galapageia* aus der Nähe betrachtet. Hier können Sie die auf den Areolen sitzenden Glochiden deutlich erkennen. Sie sind von goldgelber Farbe und werden im Alter immer dichter.

ser von 45 cm. Da die Pflanze eine respektable Größe erreicht, sollte sie nur dort stehen, wo sie viel Raum zur Entfaltung hat und ihre Wurzeln sich frei ausbreiten können. Für die Gefäßkultur eignet sich *O. robusta* nicht. Ihre Triebe zeigen gleichwohl eine schöne, blaugrüne Farbe. Auch *O. stenopetala* ist eine interessante Art. Sie bringt eine Kette von im Umriss eiförmigen Seitentrieben hervor, die sich über den Boden schieben. Jedes Glied schlägt dabei Wurzeln. *O. stenopetala* zeigt eine Vielzahl von roten bzw. orangefarbenen Blüten. Zu den mexikanischen Arten gehört auch *O. pailana*, die hohe Pflanzen mit starken Dornen hervorbringt. *O. scheerii* bringt büschelartig wachsende Dornen hervor, die auch auf Blütenknospen und Früchten sitzen. Aus der Baja California stammt *O. pycnantha*. Die Art wächst langsam und muss sehr umsichtig gegossen werden. Ihre Blüten sind vergleichsweise klein und strahlend gelb.

Die flachtriebigen Opuntien kommen keineswegs nur in Nord- und Zentralamerika vor. Eine sehr schöne, starkwüchsige Art wächst auf den Galapagosinseln. *O. galapageia* zeigt einen massiven, glochidenreichen Stamm, der sich stark verzweigt. Auch *O. brasiliensis* bildet einen starken Stamm mit schmalen, walzenförmigen

Seitentrieben. Die Scheiben an den Enden der Äste fallen oft schon nach einigen Jahren ab. Die Art blüht gelb. Auch in Argentinien finden sich flachtriebige Opuntien. Ihre Triebe werden höchstens 5 cm lang und schieben sich seitwärts über den Boden. Sie blüht reich und zeigt – wie *O. erectoclada* – recht große, rote Blüten.

Die Chollas, die im Norden Mexikos und im Süden der USA wachsen, sind eine besondere Gruppe von Opuntien. Sie zeigen einen baumförmigen Wuchs mit holzigen, zylindrischen Stämmen, die stark bedornt sind. In Kultur wachsen sie nur schlecht, außer man bietet ihnen viel Sonne und viel Platz. *O. bigelowii* und *O. tunicata* sehen zwar aus der Ferne sehr beeindruckend aus, doch man sollte ihnen möglichst nicht zu nahe kommen.

Einige niedriger wachsende Opuntien-Arten haben keulenförmige, kleine Stämme. Da sie ein sehr schönes Dornenkleid aufweisen, sind manche von ihnen durchaus kulturwürdig. Sie blühen bereits in jungen Jahren. *O. invicta* zum Beispiel hat sehr kräftige Dornen, die, solange sie noch jung sind, rot leuchten. Sie gehört zu den größten dieser Gruppe, wächst aber sehr langsam. Die Triebe von *O. planibulbispina* sind höchstens 2,5 cm lang und zeigen kleine, dolchartige Dornen in strahlendem Weiß.

Die zylinderförmig wachsenden Opuntien aus Südamerika unterscheiden sich stark von den bislang vorgestellten Vertretern der Unterfamilie. Einige – wie *O. subulata* – haben große Blätter und zeigen hängenden Wuchs. Die meisten von ihnen sind recht starkwüchsig, doch es gibt auch langsamer wachsende Arten wie *O. pachypus*, die höchstens 5–8 cm pro Jahr zulegt. Auch in dieser Gruppe finden sich ein paar recht winterharte Arten, die im natürlichen Umfeld in großer Höhe wachsen. Dazu gehören zum Beispiel *O. verschaffeldtii*, die über besonders attraktive rote Blüten verfügt, und *O. vestita* mit ihrer dichten, weißen Behaarung. *O. salmiana* ist von allen Opuntien wahrscheinlich die Art, die in Kultur am leichtesten zum Blühen zu bringen ist. Sie blüht sehr reich. Leider lässt *O. salmiana* bei der geringsten Berührung ihre zarten Triebe fallen, die dann in der Erde Wurzeln schlagen und neue Pflanzen bilden.

Oben: Diese *Cholla*-Art aus der Familie der Opuntien ist mit ihrer massiven Bedornung für die Kultur fast zu gefährlich.

Oben: Die gelbe Form von *Opuntia microdasys* hat die unangenehme Eigenart, im Winter ihre Triebe abzuwerfen. Die Varietät mit den weißen Glochiden ist leichter zum Blühen zu bringen.

Einige der südamerikanischen Opuntien ordnet man heute der Gattung *Tephrocactus* zu. Diese haben kugelförmige Triebe und wachsen recht langsam. Da sie in der Natur meist nur in großer Höhe vorkommen, brauchen sie in Kultur viel Licht, weil sie sonst kaum Blüten ansetzen.

● Oreocereus

Die Oreocereus-Arten sind aufgrund ihrer attraktiven weißen Behaarung in Kultur recht häufig. Ihr Name leitet sich vom griechischen *oros*, Berg, ab. Sie kommen aus den höher gelegenen Andenregionen in Peru und Bolivien, was sie sehr lichthungrig macht. Man kennt sie auch als „die alten Männer der Anden". Sie erreichen gut 1,2 m Höhe und verzweigen sich am Grund, sodass sie mitunter mehrere Stämme aufwei-

sen. Weil sie nur langsam wachsen, sind die mehrstämmigen Pflanzen recht alt. Da sie hart im Nehmen sind, fällt ihre Kultur nicht schwer. Blüten jedoch dürfen Sie nicht erwarten, außer Sie verschaffen den „alten Männern" die idealen Bedingungen.

Am weitesten verbreitet ist *Oreocereus celsianus* mit scharfen Dornen und langen Haaren. Noch langsamer wächst *O. trollii*, eine Art, deren Haarkleid nahezu wollig wirkt. Die schneller wachsenden Arten wie *O. fossulatus* sind weit weniger attraktiv und zeigen weniger Haar, allerdings blühen sie gelegentlich auch in Kultur. Die Blütenfarbe variiert von Pink bis Rotbraun. Wie die Matucana-Arten sind sie zygomorph bzw. lateral-symmetrisch.

● Pachycereus

Die Pachycereen gehören zu den größten Kakteen überhaupt. Am häufigsten sieht man *Pachycereus pringlei*, eine Art, die auf der kalifornischen Halbinsel und in den umliegenden Regionen Mexikos vorkommt. *P. pringlei* wird in großer Zahl von den „Kakteenfabriken" durch Stecklingsvermehrung gezogen und in den Gartencentern verkauft. Da die Art keine besonderen Pflegeanforderungen stellt, gibt sie eine ausgezeichnete Topfpflanze ab.

Optimales Wachstum ist allerdings nur gewährleistet, wenn der Topf ausreichend groß ist, die Wurzeln in die Erde wachsen können und genügend Sonne vorhanden ist. Auf diese Weise erreicht die Pflanze eine Höhe von bis zu 12 m – allerdings erst in hohem Alter. Andere Pachycereus-Arten wie *P. weberii* kommen aus dem Süden Mexikos und brauchen viel Wärme. *P. weberii* gehört zweifelsohne zu den Anwärtern auf den Titel des „Größten Kaktus der Welt". Zwar wächst er nicht so hoch wie andere Gattungen, doch seine enormen Kandelaber gehören zum Beeindruckendsten, was die Kakteenwelt zu bieten hat.

● Parodia

Diese Kakteen kommen aus Argentinien und Bolivien. Sie zeigen gewöhnlich kugelförmigen

Wuchs, manchmal aber auch kurze Zylinder. Da sie schon in jungen Jahren schöne Blütenringe hervorbringen, sind sie bei Kakteenliebhabern recht beliebt. Ihre Wurzeln bleiben häufig zu schwach, sodass die Erde auf keinen Fall zu kalkhaltig werden darf. Viele Vertreter der Art haben hakenförmige Dornen, es existieren jedoch auch Ausnahmen wie zum Beispiel *Parodia chrysacanthion* mit goldener Bedornung und gelben Blüten. Die Arten mit den hakenförmigen Dornen haben gelbe (*P. aureispina*) oder rote (*P. sanguiniflora*) Blüten. Zu ihnen gehören auch zahlreiche starkwüchsige Arten wie *P. maassii*, eine Art mit vergleichsweise kleinen Blüten.

Einige Arten wie *P. marnieriana* bilden Polster. *P. marnieriana* zeigt eine Vielzahl kleiner, orangeroter Blüten. Bei anderen wie zum Beispiel bei *P. schwebsiana* wachsen auf jungen Trieben deutlich mehr Haare. Viele Parodia-Arten wie *P. maassii* und *P. obtusa* wachsen am besten im Halbschatten.

● **Pilosocereus**

Pilosocereen sind eine sehr weit verbreitete Gattung von Säulenkakteen, die man früher zu den Cephalocereen rechnete. Sie kommen in Mexiko, im nördlichen Südamerika und auf den Westindischen Inseln vor. Die weitaus größte Artengruppe der Pilosocereen findet sich jedoch in Brasilien. Obwohl die Pilosocereen recht starkwüchsig sind, werden sie in Kultur gehalten, weil sie sehr schöne, farbige Stämme aufweisen. In Gartencentern werden sie häufig angeboten, weil sie leicht aus Samen zu ziehen sind und sehr attraktiv wirken.

Pilosocereus palmerii findet sich besonders häufig in Kultur. Ursprünglich stammt diese Art aus Mexiko. Ausgewachsen erreicht sie etwa 4,5 m Höhe. Doch da sie schon bei einer Größe von circa 1,2 m blüht, wird sie häufig in Kakteengärten gezogen. Die Triebfarbe reicht von Grün bis hin zu einem leichten Schieferblau. Die Areolen zeigen nur wenig Wolle, wenn sie keine

Oben: *Parodia chrysacanthion* zeigt ringförmig wachsende goldgelbe Blüten.

Blütenknospen tragen. Die Knospen-Areolen sind hingegen sehr dicht behaart, was zu den Charakteristika der Art gehört. Natürlich existieren in Mexiko noch zahlreiche andere Arten der Gattung, doch mittlerweile gibt es eine heillose Verwirrung um deren Bezeichnung. Leicht zu identifizieren ist auch *P. chrysacanthus*, eine Art, die sich mit einer dichten goldgelben Bedornung zeigt. Sie wächst sehr schnell heran, wenn ihre Wurzeln sich nach Belieben ausbreiten können, was sich auch in großen Kübeln bewerkstelligen lässt.

Einige Pilosocereus-Arten stammen von den Westindischen Inseln. Sie wachsen recht schnell zu attraktiven Pflanzen heran, brauchen aber wesentlich mehr Wärme als die mexikanischen Arten. Nichtsdestotrotz findet man in guten Kakteengärtnereien mit *P. nobilis* und *P. barbadensis* typische Vertreter dieser Gruppe.

Auch die aus Venezuela stammende Gruppe braucht viel Wärme. Zu ihr gehören einige höchst attraktive Kakteen wie zum Beispiel *P. tillianus* mit langen, goldenen Dornen.

Die brasilianischen Vertreter der Pilosocereus-Arten fanden sich früher kaum in Kultur, werden heute jedoch in großer Zahl für den Gartencenter-Markt gezogen. Einige Arten haben schöne, beinahe blaue Triebe, deren Farbe von einem Wachsüberzug der Epidermis verursacht wird. Diesen Überzug trägt die Pflanze einige Jahre lang, doch mit der Zeit wird er immer dünner, bis er schließlich ganz verschwunden ist – wodurch sich natürlich die Farbe ändert. Obwohl diese Pflanzen mehr Wärme brauchen als die meisten Kakteen, sind sie doch weniger pflegeaufwändig als die westindischen Arten. Sie sind recht robust und gedeihen gut in Kultur. Da sie schnell wachsen, blühen einige der Arten bereits bei nur 60 cm Höhe. Die Blüten sind weiß und öffnen sich nur nachts. Ihr unangenehm fauliger Duft zieht Fledermäuse und Motten an, welche die in der Wildnis lebenden Pflanzen bestäuben. Die großen Früchte haben ein tiefrotes Fleisch, das einen starken Kontrast zum blautonigen Stamm bildet, wenn die Frucht aufplatzt.

Oben: *Pilosocereus glaucescens* aus Brasilien. Hier sehen wir, wie ein schöner neuer Stamm mit blaugrüner Färbung entsteht.

Für die Kultur zu empfehlen sind hier *P. pentaedrophorus* mit dünnem, fünfeckigem Stamm und kleinen Blüten, *P. magnificus* mit einem dickeren, stärker gerippten Stamm von intensivem Blaugrün und *P. fulvilanatus* mit ebenfalls fünfeckigem Stamm und langen, goldenen Haaren auf den blühenden Areolen. Sehr schön ist auch *P. chrysostele* mit mehrrippigem Stamm und dichten, goldgelben Stacheln.

● **Rebutia**

Die Gattung *Rebutia* umfasst viele Arten, die für Anfänger ideal sind. Sie lassen sich leicht im Topf ziehen und blühen schon im Alter von zwei Jahren. Zum Gedeihen brauchen sie nicht mehr als einen sonnigen Fensterplatz. Sie blühen im Frühling. Die Blüten sprießen aus der Triebachsel und zeigen zahllose Farbtöne von intensivem Rot über leuchtendes Pink bis hin zu strahlendem Gelb. Einige Arten wachsen zu recht ansehnlichen Polstern heran und bringen viele hundert Blüten hervor. Da die Art in Kultur leicht Samen ansetzt, zog man viele interessante Hybridformen. Die am weitesten verbreiteten Arten sind wohl *Rebutia senilis* mit weißen Dornen und normalerweise roten Blüten, *R. marsonerii* mit gelben Blüten und *R. minuscula* mit roten oder pinkfarbenen Blüten.

Leicht zu erkennen ist *R. fiebrigii*, die lange Dornen und orangerote Blüten aufweist. Auch *R. krainziana* mit ihren roten Blüten und den sehr kurzen weißen Dornen stellt Kenner selten vor Probleme. *R. heliosa* wurde erst kürzlich entdeckt. Die kleine Art trägt orangefarbene Blüten und kammartig angeordnete Dornen. Sie ist etwas schwieriger zu ziehen als *R. krainziana* und sollte nur sparsam gegossen oder in eine Erdmischung mit sehr guter Drainage gesetzt werden. Auch bei der *R. muscula* sollte man ein besonderes Händchen für Kakteen haben. Sie hat dichte weiße Dornen und orangefarbene Blüten. Eine andere, relativ neu entdeckte Art ist *R. perplexa*, deren eher kleine Köpfe zart rosafarbene Blüten schmücken.

R. pygmaea stammt aus einer anderen Rebutia-Gruppe, die weniger schnell wächst. Ihre lachsfarbenen Blüten sind besonders schön. Leider ist die Art sehr anfällig für die Rote Spinnmilbe.

- **Rhipsalis**

Der Name dieser „Aufsitzer-Pflanze", die nicht schmarotzend auf einer anderen Pflanze wächst, kommt vom griechischen *rhips*, Riedgras. Rhipsalien wachsen unter denselben Bedingungen wie Orchideen und Bromelien. Die Erde muss leicht sauer sein, daher wachsen sie gut in Torf. Außerdem dürfen die Pflanzen nicht zu lange trocken stehen. Es tut ihnen gut, wenn sie regelmäßig besprüht werden. Unter diesen Voraussetzungen gedeihen sie prächtig und geben ausgezeichnete Hängepflanzen ab. Sie lassen sich problemlos im Topf ziehen, sind jedoch im Gartencenter gar nicht so häufig zu finden.

Die Blüten sind nur mäßig groß, häufig weiß und erscheinen in großer Zahl. Manchmal bringt eine Areole mehrere Blüten hervor, was bei Kakteen eher ungewöhnlich ist. Es gibt viele Arten, deren Triebform von flach und breit bis zu dünn und zylindrisch reicht. Die am häufigsten angebotenen Arten sind zweifelsohne *Rhipsalis mesembryanthoides*, die dünne, zylindrische Triebe hat, *R. pentaptera* mit dickeren, im Querschnitt fünfeckigen Trieben und *R. crispimarginata* mit breiten, flachen Trieben. Sehr schön ist auch *R. houletiana* mit flachen, blaugrünen Trieben.

- **Schlumbergera**

Dies ist der wohl bekannte Weihnachtskaktus, der keine eigentliche Art darstellt, da er rein gärtnerischen Ursprungs ist. Der Kaktus wurde nach Frédéric Schlumberger benannt, einem bekannten Sammler von Kakteen, Begonien und Bromelien. Die meisten Pflanzen, die heute als Weihnachtskaktus im Handel sind, haben höchst unterschiedliche Elternsorten. Dementsprechend vielfältig sind auch die Blütenfarben. Die neueren Züchtungen blühen meist schon vor Weihnachten, während die älteren Formen nicht einmal zu Weihnachten blühten, sondern frühestens im Januar, manchmal sogar noch später. Der Blütenansatz der Weihnachtskakteen ist abhängig von der Menge Tageslicht, welche gegen Ende des Jahres ja erheblich abnimmt. Daher sollte man Weihnachtskakteen nur wenig mit künstlichem Licht bestrahlen. Wie Rhipsalis ist auch die Schlumbergera ein Urwaldgewächs und braucht eher saure, torfbasierte Erde. Lange Trockenperioden verträgt sie nicht, liebt aber das Besprühtwerden, was die Luftfeuchtigkeit im Dschungel nachahmt. Die Pflanzen können recht groß werden und tragen unendlich viele Knospen, sodass den glücklichen Besitzer ein wahrer Blütenreigen erwartet. Der traditionelle Weihnachtskaktus blüht in Magenta- und Pinktönen, doch mittlerweile gibt es die verschiedensten Blütenfarben bis hin zu leuchtendem Korallenrot. Eine wunderschöne weiße Form zeigt immer noch Spuren von Pink, wenn man sie nicht ausreichend warm hält.

Einige verwandte Arten blühen später im Jahr. *Schlumbergera gaetnerii* (auch: *Rhipsalidopsis gaetnerii*), der Osterkaktus, zeigt kleinere Blüten in Scharlachrot. Häufig werden Weihnachtskakteen auf eine starke Unterlage wie eine Cereus-Art gepfropft, weil das Wurzelwerk so schwach ist. So entsteht eine besonders spektakuläre Pflanze.

● Stenocactus

Diese Art – auch als *Echinofossulocactus* bekannt – stammt aus dem Norden Mexikos. Sie wächst kugelförmig und zeigt dabei eine große Zahl von wellenförmigen Rippen mit flachen Dornen und kleinen, gestreiften Blüten. *Stenocactus* ist mit den Ferocacti verwandt, bleibt aber meist deutlich kleiner.

Die Art hat viele Varietäten, die manchmal nicht leicht voneinander zu unterscheiden sind. *Stenocactus albatus* beispielsweise hat gelbliche Blüten und weiße bzw. gelbe Dornen. *S. crispatus* hat längere Dornen und pink-weiß gestreifte Blüten. *S. coptonogorus* unterscheidet sich vom Rest der Gattung durch gerade Rippen.

● Stenocereus

Diese großen, baumförmig wachsenden Kakteen kommen aus Mexiko und den USA. Da sie so leicht aus Samen zu ziehen sind und in der Jugend sehr schöne Stämme zeigen, werden sie im Gartencenter gerne gekauft. Will man sie jedoch zu voller Größe heranreifen lassen, braucht man viel Platz und für die meisten Arten auch viel Wärme.

Stenocereus thurberii, der „Orgelpfeifenkaktus", ist die einzige Art, welche die Grenze zu den USA überschritten hat. Die dicht sitzenden, braunen Areolen verleihen der Pflanze einen gewissen Reiz, doch sie ist in Kultur nicht leicht zu ziehen. Wie die Carnegien braucht auch *S. thurberii* sehr viel Hitze und Sonne, wenn sie die 6 m erreichen will, zu denen die Natur sie bestimmt hat. *S. pruinosus* und *S. chichipe* kommen aus dem Süden Mexikos. Sie wachsen zwar schneller, reagieren jedoch negativ auf Winterkälte. Der weiße Reif auf den Stämmen lässt bei älteren Pflanzen nach.

S. beneckei eignet sich wohl am besten zur Kultur. Die Art wächst kleiner und buschiger, die

Oben: Eine Mischung der beliebten Weihnachtskakteen, die den botanischen Namen *Schlumbergera* tragen.

Oben: Ein junger *Stenocactus* mit den charakteristischen schmalen, gewellten Rippen.

Triebe zeigen dichten, weißen Reif. Bedauerlicherweise reagiert auch *S. beneckei* negativ auf zu viel Kälte.

Auch der als „Kriechender Teufel" bekannte Kaktus von der kalifornischen Halbinsel gehört ebenfalls in diese Gattung. Sein botanischer Name ist *S. eruca*. Seine Triebe erstrecken sich über den Boden und verwurzeln sich im Sand. Am Ende trocknen die älteren Teile des Triebes aus, der Kaktus „kriecht" also vorwärts. Er kann in Kultur gezogen werden, doch seine besonderen Wuchsbedingungen lassen ihn für die Topfkultur ungeeignet erscheinen. Er braucht auf jeden Fall offene Erde für seine Wurzeln.

● **Sulcorebutia**

Die Sulcorebutien sind Hochlandpflanzen aus Bolivien. Sie sind eher klein und von kugelförmigem Wuchs, wobei sie hübsche, kleine Polster bilden. Wenn die Pflanze genügend Licht hat, blüht sie auch in Kultur bereitwillig. Sie ist mit wenig Pflege zufrieden. *Sulcorebutia* weist eine unglaubliche Vielfalt an Blütenfarben auf. Es gibt

sogar zweifarbige Varietäten. Die Areolen dieser Gattung sind eher länglich als rund.

Alle Arten sind kulturwürdig. Am häufigsten trifft man auf *Sulcorebutia candiae*, eine starkwüchsige Art mit goldenen Dornen und gelben Blüten. *S. steinbachii* zeigt rote oder pinkfarbene Blüten, während *S. glomeriseta* mit dichten weißen Dornen und gelben Blüten aufwartet. *S. canigueralii* erfreut den Kenner mit zweifarbigen Blüten in Orange mit gelbem Zentrum, während *S. arenacea* eine besonders schöne, symmetrische Bedornung zeigt und dazu noch gelbe Blüten treibt.

● **Thelocactus**

Diese Gruppe starkdorniger Kugelkakteen stammt aus dem Norden Mexikos bzw. dem Süden der USA. Bei guter Sonneneinstrahlung bringen sie schöne, große Blüten hervor. Im Großen und Ganzen brauchen die Thelokakteen eine mineralische Erde mit gutem Wasserabzug. *Thelocactus bicolor* ist wohl die bekannteste Art, von der es zahlreiche Varietäten gibt, die

Oben: *Thelocactus lloydii* in einer Tonschale mit mineralischem Substrat. Bald kommen zu den dekorativen roten Dornen noch schöne Blüten in tiefem Pink bzw. Rot.

sich in Größe, Form und Dornenfarbe unterscheiden. Alle zeigen sie pinkfarbene Blüten von 8–10 cm Durchmesser, deren Auge tiefrot gefärbt ist und deren Blütenblätter einen leichten Fettglanz aufweisen. Sie wachsen recht langsam und brauchen daher nur wenig Wasser. *T. bicolor* lässt sich leicht aus Samen ziehen.

T. hexaedrophorus wächst weniger geschlossen und flacher. Die Blüten dieser Art strahlen in reinstem Weiß. Einige der größer wachsenden Arten wie *T. lophothele* zeigen stark in unregelmäßige Warzen aufgelöste Rippen und sehr lange Dornen. Ihre Blütenfarben reichen von Gelb bis Zartrosa. *T. lloydii* ähnelt in gewisser Weise *T. bicolor*. Die Blüten sind beinahe gleich, nur zeigt *T. lloydii* einen flacheren Wuchs und längere Dornen.

● **Trichocereus**
Diese Gruppe großer Säulenkakteen aus Argentinien, Chile und Bolivien leitet ihren Namen vom griechischen *thrix* oder *thrichos* ab, was

„Haar" bedeutet. Alle Arten weisen nämlich eine starke Behaarung auf. Die kleinwüchsigeren Formen reiht man mitunter in die Gattung *Echinopsis* ein, denn sie zeigen zur Blütezeit sehr ähnliche, weiße Blüten, die nur nachts erscheinen. Die kräftigen Pflanzen werden häufig als Pfropfunterlage verwendet. Hat man jedoch genug Platz, kann man sie auch um ihrer selbst willen ziehen.

Einige der größeren, Polster bildenden Arten blühen schon, wenn sie noch vergleichsweise jung sind. Ein schöner Vertreter dieses Typs ist zum Beispiel *T. schickendantzii*, dessen Blüten sagenhafte 25 cm Durchmesser erreichen. *T. candicans* kommt in einer Reihe von Varietäten daher, die jedoch allesamt dicke, kurze Stämme besitzen.

Die aus Chile stammende Art, *T. chilensis*, zeigt eine starke Bedornung, wächst langsam und blüht daher nur zögerlich. *T. macrogonus* wird höher und zeigt eine schöne, blaugrüne Farbe. Diese Art blüht nicht, bevor sie nicht mindestens 1,8 m Höhe erreicht hat, was unter günstigen Bedingungen schnell geschafft ist.

Die echten Riesen dieser Gattung jedoch bringen es ohne weiteres auf 9 m Höhe und 60 cm Durchmesser. Natürlich wachsen sie langsam, sind aber immer noch schneller als ihre Verwandten vom nordamerikanischen Kontinent *T. pasacana* und *T. terscheckii*.

Einige Trichocereus-Arten mit farbigen Blüten werden in die Gattung *Lobivia* eingereiht. Sie sind wesentlich kleiner als ihre Artgenossen und blühen schon im „Zwergenstadium". *T. huascha* und *T. grandiflora* mit ihren roten Blüten gehören in diese Gruppe.

● Turbinicarpus

Diese recht raren Miniaturkakteen finden sich nur in Mexiko. Sie wachsen langsam, lassen sich jedoch leicht kultivieren, wenn man sie umsichtig behandelt. Spezielle Kakteengärtnereien verkaufen sie als Setzlinge. Sie blühen schon in jungen Jahren. Da sie hübsche kleine Polster bilden, sollte man sie am besten in flachen Tonschalen mit guter Drainage ziehen. Sie schätzen ein mineralisches Substrat. Alle Arten von *Turbinicarpus* sind kulturwürdig, am temperamentvollsten ist jedoch *T. lophophoroides*.

● Uebelmannia

Diese unübliche Gattung umfasst nur einige wenige Arten. Sie stammt aus dem heißen, trockenen Nordosten Brasiliens und ist sehr schwer zu kultivieren. Da sie jedoch eine ausgeprägte, schöne Form aufweisen, sind sie jeder Mühe wert. Der grüne bis rötlich-grüne Spross besitzt durch Querfurchen getrennte, warzige Rippen mit interessanten weißen Dornen. Die Blüten sind hellgelb und eher unscheinbar, die Form jedoch lässt die Art besonders attraktiv erscheinen. *Uebelmannia*, deren bekannteste Art *U. meninensis* ist, braucht Wärme und hohe Luftfeuchtigkeit.

Oben: Ein Polster von *Trichocereus candicans*, das die Art mit zunehmendem Alter bildet. Die Stämme werden bis zu 45 cm lang und haben einen Durchmesser von 15 cm.

Sukkulenten

- **Adenium** (Familie der Hundsgiftgewächse oder Apocynaceae)

Diese immer beliebter werdende Sukkulentengattung kommt aus Afrika und dem südlichen Arabien. Sie hat verschiedene volkstümliche Namen wie „Wüstenrose", „Falsche Azalee" und „Wüstenazalee", die auf ihre wunderschönen Blüten zurückgehen, die in großer Fülle erscheinen, wenn die Pflanze sich wohl fühlt.

Da sie aus sehr heißen Regionen stammt, braucht sie Erde, die einen guten Wasserabzug gewährleistet. Im Winter sollte man ihr zusätzliche Wärme angedeihen lassen. Die Wüstenrose ist eine ausgezeichnete Zimmerpflanze und sieht am besten in einem weiß-blauen Porzellantopf aus. Die Pflanze verzweigt sich stark und erreicht in der freien Natur mitunter eine Höhe von fast 3 m. Dabei entwickelt sie einen an der Basis knotenförmig verdickten Stamm, der aussieht wie ein Wüstenfels. Sie blüht bereits in recht frühen Jahren, wenn die Wachstumsbedingungen stimmen. Üblich sind drei bis vier Jahre nach Aussaat, doch die Pflanze kann auch schon nach zwei Jahren Blüten ansetzen.

Oben: *Adromischus marianae var. herrerii*

Im Handel findet man meist *Adenium obesum*, eine aus Tansania und Natal stammende Art. Ihre Blüten haben fünf Petalen und strahlen in leuchtendem Pink. Es existieren jedoch auch weiße Varietäten. Die Züchter bemühen sich zurzeit, eine großblütigere Form zu entwickeln, die bald in die Gartencenter gelangen dürfte.

Normalerweise wird *Adenium* aus Samen gezogen, doch auch Stecklingsvermehrung ist möglich und empfiehlt sich, um eventuell angekränkelte Pflanzen zu retten. *Adenium* steht gerne vollsonnig, im Winter nicht unter 15° C. Hat sie die Blätter abgeworfen, sollten Sie das Gießen vorübergehend einstellen.

- **Adromischus** (Dickblattgewächse, Crassulaceae)

Adromischus ist eine attraktive, klein bleibende Blattsukkulente, die langsam wächst und eng mit *Cotyledon* verwandt ist. Sie stammt aus Namibia und ist keinesfalls winterhart. In unseren Breiten sollte man sie im Topf ziehen und in den frostfreien Monaten nach draußen stellen. Allerdings braucht sie Schneckenschutz. Viele Arten zeigen rostbraune Muster und Markierungen auf den Blättern, die sich durch guten Lichteinfall noch verstärken. Dabei handelt es sich nicht um Blattkrankheiten. Einige Arten wie *Adromischus marianae* weisen eine attraktive Blatttextur auf. Bei anderen wie zum Beispiel *A. cristatus* sind die Blattränder gewellt oder geriffelt. *A. leucophyllus* zeigt einen weißen, mehligen Überzug auf den Blättern. Diese Art eignet sich nicht für die Haltung im Freien, da der Überzug von stärkerem Regen abgewaschen wird.

Die Anzucht von *Adromischus* ist vergleichsweise einfach. Blattstecklinge bewurzeln in sandigem Substrat. Dabei sind keine zwei Pflanzen gleich, da die Blattmuster stets voneinander abweichen. Sollten Sie also Wert auf das Muster Ihrer Pflanze legen, müssen Sie sie immer weiter durch Stecklinge vermehren. Die weißen oder rosafarbenen Blüten sitzen nahe am Trieb. *A. grandiflora* hat – wie der Name schon sagt – die größten Blüten der Gattung.

● **Aeonium** (Dickblattgewächse, Crassulaceae)
Diese kleine Gattung von normalerweise mono-
karpischen Pflanzen findet sich auf den Kanarischen Inseln, den Kapverdischen Inseln, auf
Madeira und in Nordafrika. Monokarpisch
bedeutet, dass die Pflanze nach der Blüte
abstirbt, wobei häufig nur die Blüten tragenden
Äste betroffen sind. In den Gartencentern sieht
man sie häufig, vor allem die braunblättrigen
Sorten. Zu diesen gehört beispielsweise *Aeonium arboreum* „Atropurpureum" und *A. arb.*
„Schwarzkopf", eine noch dunklere und wüchsi-
gere Art. Beide Arten können im Sommer gut im
Beet stehen, müssen jedoch beim geringsten
Anschein von Frost ins Haus geholt werden, wo
sie im Topf überwintern können.

Aeonium wächst an einem großen, nackten
Stamm von häufig über 45 cm Höhe. Der Stamm
wird von einer Blattrosette mit Blütenstand
gekrönt. Die Blätter sind matt oder glänzend.
Manchmal tragen sie auch eine attraktive
Behaarung (*A. smithii* und *A. simsii*). Glücklicherweise treibt die Pflanze vor dem Absterben
mehrere Schösslinge, die leicht bewurzeln.
Außerdem setzt die Pflanze mitunter auch
Samen an. Gewöhnlich blüht sie gelb, manchmal
auch weiß oder pinkfarben (*A. nobile*). Der Blütenstand entwickelt sich pyramidenförmig und
weist bis zu hundert winziger Blüten auf, die
sich über einen längeren Zeitraum der Reihe
nach öffnen.

Eine Art, *A. tabuliforme*, hat keinen Stamm,
sondern bildet am Boden eine eng aufliegende,
tellerförmige Rosette aus. Diese Art wird
gewöhnlich aus Samen gezogen, gelegentlich
auch über Stecklinge vermehrt. Häufig bringt
A. tabuliforme auch cristate oder monströse
Formen hervor. Wenn man von diesen einfache
Kopfstecklinge abnimmt, erhält man wieder eine
normale Pflanze.

● **Agave** (Agavengewächse)
Diese wunderschön gebauten, rosettenförmigen
Sukkulenten wachsen meist stammlos. Man fin-
det sie über den ganzen nordamerikanischen
Kontinent und seine vorgelagerten Inseln ver-

Oben: *Agave victoria-reginae* aus Nuevo-Leon in
Mexiko; sehr schön zu sehen sind hier die attraktiven weißen Linien.

streut. Viele Arten haben einen spitzen Dorn an
der Blattspitze, einige tragen auch am Blattrand
Dornen, der dann wie gezähnt wirkt. Diese
„Sägeblätter" können schwere Verletzungen
verursachen, wenn man ihnen zu nahe kommt.
Die einzelnen Arten erreichen eine Höhe von
15 cm bis 5 m. Einige kommen mit Kälte ganz
gut zurecht, brauchen aber auf jeden Fall eine
gute Drainage, wenn sie draußen wachsen sollen. Man sollte die Rosetten immer so pflanzen,
dass die sich in ihnen ansammelnde Feuchtigkeit abfließen kann. Setzen Sie die Pflanzen also
leicht schief ein.

Die bekannteste Art ist zweifellos *Agave
americana* und ihre Varietäten, zum Beispiel *A.
americana* „Variegata" (gelber Streifen am Blattrand) und *A. americana* „Mediopicta" (weißer
Mittelstreifen, der sich vom Blattansatz bis zur
Spitze zieht). Letztere ist gewöhnlich teurer, da
sie nur langsam wächst und es daher eine Zeit
dauert, bis sich ein ansehnliches Exemplar entwickelt hat. Keine der drei ist vollkommen winterhart. Sie können einige Winter überstehen,
doch wenn es einmal so richtig kalt wird, gehen
die Pflanzen ohne Winterschutz ein. *A. victoria-
reginae* aus Mexiko ist eine sehr hübsche Art

mit zahlreichen weißen Streifen auf den Blättern, die deutlich hervortreten. Jedes Blatt trägt einen kurzen, schwarzen Enddorn. *A. parviflora* zeigt einen hübschen weißen Rand an den Blättern, wird aber zusätzlich noch von weißen Fäden geziert. Sie ist eine der klein bleibenden Agaven und gehört zu den kulturwürdigsten Sorten. Beide brauchen viel Wärme und einen sonnigen Standort. Winterruhe nicht unter 10° C.

Agaven mit blaugrüner Epidermis bzw. dünnen Blättern sind am ehesten kältetolerant. Sorten mit dickblättrigen, eher grünen Trieben kommen durchweg aus wärmeren Gegenden und vertragen Kälte überhaupt nicht.

Im Volksmund nennt man die Agaven auch die „Hundertjährigen", doch das ist weit gefehlt. Die meisten Arten blühen bereits, bevor sie hundert Jahre alt sind. Für die Blüte sammeln sie ihre ganzen Kräfte. Danach stirbt die Rosette ab. Doch da die Agave gewöhnlich Seitentriebe ausgebildet hat, kann sie sich trotzdem vermehren. Stärker wüchsige Agaven sollte man regelmäßig in größere Gefäße umtopfen, damit sie ihr volles Potenzial erreichen können, doch angesichts der Dornen ist dies natürlich ein schwieriges Unterfangen. Außerdem bereitet es mitunter Schwierigkeiten, ein Gefäß zu finden, das auch annähernd groß genug ist, um diese raumgreifenden Pflanzen aufzunehmen.

Oben: *Aichryson* ist eine eher kurzlebige Sukkulente, die sich leicht aus Samen ziehen lässt.

● **Aichryson** (Dickblattgewächse, Crassulaceae)
Aichryson wächst zweijährig. Die Art ist entfernt mit den Aeonium-Arten verwandt, ist aber kleinwüchsiger und hat behaarte Blätter. Sie kommt von den Kanarischen Inseln vor der Westküste Afrikas. Die gelb blühenden Pflanzen können zwar draußen gezogen werden, brauchen aber auf jeden Fall einen geschützten Platz.

Sie blühen im Sommer und können in den frostfreien Monaten im Freien stehen. Sobald es kalt wird, müssen sie eingeräumt werden. Meist stirbt *Aychryson* nach der Blüte ab, doch da die Pflanze sich selbst befruchten kann, bringt sie eine Vielzahl von Samen hervor, die nach der Blüte überall ausgestreut werden. Sie keimen so leicht wie Senf oder Kresse. Sobald Sie also ein Exemplar der Gattung *Aychryson* Ihr Eigen nennen, wird es Sie nie wieder verlassen.

● **Aloe** (Affodilgewächse, Asphodelaceae)
Die Aloe gehört zu einer sehr großen Pflanzenfamilie mit über 300 Arten und 4500 Unterarten. Verwandte Gattungen sind *Bulbine*, *Bowiea*, *Ornithogalum* (die beiden Letzteren werden von Experten meist nicht als Sukkulenten eingestuft), *Haworthia*, *Astroloba*, *Lomatophyllum* und *Gasteria*. In der freien Natur finden die Aloen sich auf dem afrikanischen Kontinent, in Madagaskar und auf der arabischen Halbinsel. Wie die Agaven fanden auch die Aloen Verbreitung, weil sie von Reisenden in alle Welt importiert wurden. *Aloe vera* zum Beispiel findet sich heute nahezu überall auf der Welt. Wo sie ursprünglich vorkam, lässt sich nicht mehr zurückverfolgen.

Aloen werden häufig mit den Agaven verwechselt. Dies liegt an den Dornen, die manche Aloen aufweisen. Doch die Dornen der Aloe sind sehr viel weicher als die der Agave und sind normalerweise harmlos. Wie die Agaven wachsen auch die Aloen rosettenförmig. Doch dieses Merkmal ist nicht immer klar zu erkennen, weil es sich mitunter erst im Alter ausbildet. Aloen sterben auch nach der Blüte nicht ab. Sobald sie das blühfähige Alter erreicht haben, blühen sie einmal im Jahr. Die einzelnen oder verzweigten Blütenstände sprießen aus den Blattachseln.

Oben: *Aloe pratensis* gehört zu den kleinwüchsigeren Aloe-Arten aus Südafrika.

Der Blütenstand trägt eine Pyramide kleiner, glockenförmiger Blüten. Die Blütenfarbe variiert von Weiß über Gelb und Orange bis Rot. Einige Arten haben grüne Blätter. Auf der Nordhalbkugel blühen die Arten in den Wintermonaten, was bedeutet, dass sie in der kalten Jahreszeit vorsichtig gewässert werden müssen.

Die Aloe-Arten können von 2,5 cm bis zu 18 m Höhe erreichen. Die Triebe der starkwüchsigen Arten weisen mitunter einen Umfang von 3 m auf. Daher ist es wichtig, für das eigene Heim die richtige Pflanze zu wählen.

Die im Handel am häufigsten zu findende Art ist *A. aristata*. Obwohl sie so weit verbreitet ist, sollten Sie die schöne Gattung nicht links liegen lassen. Sie blüht sehr zuverlässig und treibt leicht Schösslinge, sodass sie sich schnell vermehren lässt. Sie gehört zu den winterhärtesten Aloen. In Mitteleuropa lässt sie sich leicht draußen ziehen, wenn der Standort guten Wasserabzug bietet. Vor den schlimmsten Auswüchsen des Winterwetters müssen Sie die Pflanze natürlich schützen.

A. variegata ist ebenfalls weit verbreitet. Sie scheint sich ganz besonders zur Haltung auf dem Fensterbrett zu eignen. Am liebsten steht sie im Topf und lässt sich in der Sonne braten. Sie will auch im Winter gewässert und gedüngt werden, da sie sonst im Frühjahr mit ihren hübschen Blütenständen geizt. Im Alter treibt sie Schösslinge, die man abnehmen und in der Erde bewurzeln lassen kann. *A. variegata* kann das ganze Jahr über draußen stehen, braucht aber einen trockenen Standort.

Zwei Aloen enormen Ausmaßes, die sich gleichwohl im Gartencenter finden lassen, sind *A. dichotoma* und *A. pillansii*. Diese Baum-Aloen haben sehr dicke Stämme und wachsen zu kleinen Bäumen heran. *A. pillansii* gehört in der Wildnis zu den bedrohten Arten. Es gibt nur noch wenige Exemplare und leider ist auch keine Rettung in Sicht. Möglicherweise ist diese traurige Entwicklung auf zu intensives Sammeln zurückzuführen. Allerdings kann auch der Klimawandel die Schuld daran tragen. *A. dichotoma* hingegen kommt auch in der freien Natur häufig vor. In manchen Regionen ist dies der einzige „Baum", der die dortigen Wachstumsbedingungen toleriert. Mitunter nutzt der gesellige Webervogel die großen Aloen zum Nestbau.

Oben: Die schöne Blattfarbe von *Aloe gariepensis* zeigt sich am besten in ihrer natürlichen Umgebung.

Oben: *Aloe ericacea* ist eine langsam wachsende Xerophyten-Art.

In Kultur muss die Pflanze häufig umgetopft werden, wenn sie richtig wachsen soll. Ernährungs- oder Gießfehler lassen die Blätter von der Spitze her absterben.

A. plicatilis ist eine weitere Baum-Aloe. Sie erreicht allerdings nicht die Proportionen der beiden vorgenannten und wächst auch deutlich langsamer. Dafür blüht sie viel früher als *A. dichotoma* und *A. pillansii* und lässt sich auch im Topf ziehen. Auf der Nordhalbkugel gehört sie zu den Winterblühern. Auch die Wachstumsperiode fällt in die kalte Jahreszeit. Seitentriebe bildet die Aloe mit den linealischen Blättern sowohl vor als auch nach der Blüte. Sie gehört zu den wenigen Aloen, die keine Rosette bilden.

A. jucunda stammt aus Somalia. Sie bildet kleine, dichte Gruppen und trägt weiße Flecken auf der Epidermis. Im Alter wachsen diese Gruppen zu Polstern von 0,6–1,0 m Durchmesser heran. Da ihre Schösslinge problemlos bewurzeln, können Sie sie in der für Sie passenden Größe halten. Auch Freunde freuen sich über eine junge, selbst gezogene *A. jucunda*. Die Pflanze blüht auch auf der Nordhalbkugel während der Sommermonate bereitwillig und mehrfach. Sie hört erst auf, Blüten hervorzubringen, wenn die Lichtintensität abnimmt. Ihre Blätter glänzen, die Dornen an den Blatträndern können recht hart sein. Von *A. jucunda* existieren Hybridformen, da man sie mit *A. haworthoides, A. bellatula* und *A. rauhii* gekreuzt hat, um nur drei Kreuzungspartner zu nennen. Andere Aloen dieser Gruppe sind jedoch ebenfalls kulturwürdig. Zu ihnen gehören: *A. peckii, A. somaliensis, A. kingiana, A. mcloughlanii* und *A. hemmingsii*. Viele Aloen werden allerdings recht groß.

A. erinacea, A. pachygaster und *A. melanacantha* sind Arten, die den Kenner ebenso wie den Anfänger erfreuen, wobei Letztere von allen drei am größten wird. *A. melanacantha* hat Blätter mit rauer Oberfläche, deren Rand von starken, schwarzen Dornen geziert wird. Wenn die Blätter aus der Mitte der Pflanze austreiben, sind die Dornen gelb und weich. Je älter die Blätter werden, umso stärker dunkeln sie nach und härten aus. *A. erinacea* und *A. pachygaster* kommen aus Namibia, während *A. melanacantha* vorzugsweise an der Westküste Südafrikas etwa bis zur namibischen Grenze wachsen. *A. erinacea* und *A. pachygaster* sind von schöner, blaugrüner Farbe. Auch sie tragen im Alter kräftige, dunkle Dornen. Allerdings reagieren sie recht negativ auf zu viel Gießen und brauchen zum Gedeihen volles Sonnenlicht.

● **Aloinopsis** (Mittagsblumengewächse, Aizoaceae)
Diese kleinen Sukkulenten kommen aus der Kap-Provinz Südafrikas. Sie bilden rasenförmige Polster, haben jedoch einen rübenförmigen Wurzelstock. Die Blätter sind grau, graubraun oder grün. Viele, aber nicht alle, besitzen warzenförmige Tuberkel. Bei einigen sind die Blätter gezähnt. Sie blühen entweder gelb oder pinkfarben. Es existiert eine zweifarbige Variante mit gelbem Blütenkelch und rotem Mittelstreifen.

Drei der Arten, nämlich *A. rosulata, A. rubrolineata* und *A. schoonesii*, haben eine ähnliche Epidermis, die ein wenig an Eidechsenhaut erinnert. *A. schoonesii* hat einen im Vergleich mit der Größe der Gesamtpflanze überdimensionierten Wurzelstock. Die Art wirkt im Grunde wie ein Eisberg: zehn Prozent sichtbar, neunzig Prozent für das Auge nicht erkennbar.

A. spathulata ist die einzige Art mit pinkfarbenen Blüten. Sie hat graue, spachtelförmige Blätter, die rosa überhaucht wirken. Diese Art braucht eine besonders gute Drainage, da ihre Wachstumsphase zwischen Spätsommer und Winter liegt.

Aloinopsis wird über Samen vermehrt, obwohl man sie auch als Stecklinge ziehen könnte. Zur Rettung einer Pflanze wird jedoch immer ein Steckling geschnitten. Vergessen Sie nicht, wegen der großen Wurzel einen besonders hohen Topf zu nehmen. Hier sind die „Long Tom" genannten Rosentöpfe aus den Gartencentern erste Wahl.

Andere eng verwandte Arten mit denselben Pflegeanforderungen sind *Delianthe*, *Nananthus*, *Rabiea* und *Titanopsis* (siehe Seite 137).

● **Ceropegia** (Seidenpflanzengewächse, Asclepiadaceae)
Die *Ceropegia* oder „Leuchterblume" ist eine Gattung, die eine Fülle von Wuchsformen

Oben: *Aloe striata* hat einen der schönsten Blütenstände der Gattung.

hervorgebracht hat. Die meisten wachsen wild von Afrika bis zum Fernen Osten. Ceropegien haben häufig einen windenden, manchmal auch hängenden Wuchs. Nur einige auf den Kanarischen Inseln beheimatete Arten (*Ceropegia fusca*, *C. dichotoma* und *C. hians*) haben dickere,

Oben: *Aloe melanacantha* in jungen Jahren: Die Dornen sind gelb.

mit dem letzten Fünftel der Petalen, wobei die Spitzen der Blütenblätter sich häufig wieder einander zuneigen. Die bestäubenden Insekten müssen schon auf diese Pflanze spezialisiert sein, um ihre Aufgabe erfüllen zu können.

C. ampliata ist eine großblütige, windende Art mit kahlen Trieben, die absolut empfehlenswert ist. Sie blüht recht spät im Jahr, wobei sie weiße Blüten mit grünen Spitzen ansetzt. Sie lässt sich gut an Drähten hochziehen.

C. haygarthii ist eine weitere beliebte windende Art aus dem östlichen Transvaal. Ihre mittelgroßen Blüten wirken wie ein sich öffnender Fallschirm. *C. sandersonii* ist sehr ähnlich, hat aber viel größere Blüten. Ihr deutscher Name ist „Fallschirm-Leuchterblume".

Eine recht weit verbreitete Art, die jedoch zu einer anderen Gruppe gehört, ist *C. stapeliiformis* aus der östlichen Kap-Provinz. Die Stiele der Pflanze stehen aufrecht, solange sie noch jung ist, später senken sie sich, um dann nach oben zu klettern, wenn sie eine passende Stütze finden. Die Stiele sind grau mit braunen Flecken und werden immer dünner, wenn die Blütezeit näher rückt. *C. stapeliiformis* ist an sich eine sehr robuste Art, doch die dünnen Stiele können brüchig werden. Was natürlich dazu führt, dass ständig Stecklinge zur Verfügung stehen.

Der kulturwürdigen Ceropegien sind noch viele, doch sie können hier nicht allesamt aufgeführt werden. Die meisten werden durch Samen oder Steckling vermehrt.

● **Conophytum** (Mittagsblumengewächse, Aizoaceae)

Die Conophyten kommen aus Südafrika und Namibia und wachsen häufig auf quarzhaltigem Grund, in Felsentälern und -senken. Noch mehr als die berühmten blühenden Steine *(Lithops)* sind sie in der Lage, Wasser zu speichern. Was früher die Oberseite zweier Blätter war, ist zu einer Oberfläche zusammengewachsen. Lediglich ein schmaler Schlitz verrät, dass jeder der Köpfe eigentlich aus zwei Blättern besteht. Einige Conophythen-Arten zeigen eine andere

Oben: *Ceropegia ampliata* ist eine großblütige Rankensukkulente, die spät im Jahr blüht.

gegliederte Triebe, die sich nicht winden und mehr Wasser halten als die dünnen Ranken. Andere haben das Problem der Wasserspeicherung dergestalt gelöst, dass sie dicke Speicherwurzeln entwickelten.

Mit einigen wenigen Ausnahmen sind Ceropegien pflegeleicht. Sie gedeihen gut in Kultur, ob als Zimmerpflanze, im Wintergarten oder im Gewächshaus. *C. woodii* findet man häufig in Gartencentern und Blumenläden, da die Art sich hervorragend für Hängebepflanzung eignet. Ihre herzförmigen Blätter sind grau, grün und purpurn gefärbt. Häufig bilden die hängenden Triebe in den Blattachseln Brutknollen, die man mit einem Stück vom Trieb abnehmen und bewurzeln lassen kann. Die Blüten sind unscheinbar und immer aufwärts gewandt wie kleine, umgedrehte Fallschirme. Die Blütenblätter haften aneinander. Die Blüte öffnet sich erst

Wuchsform, die man *bilob* nennt. Hierbei sind zwei deutlich unterscheidbare Blätter zu erkennen, die nur bis etwa zur Hälfte zusammengewachsen sind.

In den Neunzigerjahren wurde diese Pflanzengruppe komplett neu geordnet, sodass die Conophythen heute folgende Gattungen umfassen: *Conophytum*, *Berrisfordia*, *Herreanthus* und *Ophthalmophyllum*.

Conophyten sind leichter zu ziehen als *Lithops*. Sie sind weniger empfindlich gegen übermäßiges Gießen und zeigen sich im Allgemeinen toleranter, was die Umweltbedingungen betrifft. Auch ihre Wachstumszyklen unterscheiden sich von denen der Gattung *Lithops*. Auf der nördlichen Halbkugel müssen Conophyten in den ersten sechs Monaten des Jahres ruhen, wobei man nur einmal im Frühjahr gießt. Der Wachstumsprozess hingegen ähnelt den Exemplaren der Gattung *Lithops*: Jeder Trieb bringt jährlich nur zwei neue Blätter hervor. Die alten Blätter werden vom neuen Kopf absorbiert. Während der Ruhephase sollten die Conophyten nicht direktem Sonnenlicht ausgesetzt werden. Stellen Sie sie im Gewächshaus unter eine Bank. Sonst wird es ihnen zu heiß und sie fangen in ihrem Restkörper regelrecht zu „kochen" an. Sobald sie um die Mitte des Sommers wieder zu wachsen beginnen, müssen sie jedoch wieder viel Licht bekommen.

Bei den Conophythen nennt man ein Blattpaar einen „Kopf". Diese Köpfe sind gewöhnlich sehr viel kleiner als bei den Lithops-Arten. Bei einigen Conophyten sind sie nicht größer als Stecknadelköpfe, bei anderen können sie eine Länge von 6,5 cm erreichen. Gewöhnlich sind die Conophyten grün bis graugrün gefärbt, nicht selten gefleckt. Die biloben Arten zeigen an den Lobenkanten häufig eine rötliche Verfärbung. Eine dünne, dunkelgrüne Linie umgibt den Spalt, der wie ein kleines Fenster wirkt.

Conophyten bringen aus einem einzigen Kopf häufig zwischen drei und sieben neue Köpfe hervor. Das aber ist von der Art abhängig. Die biloben Arten, die etwas größer sind als die anderen, bilden am häufigsten mehrere neue Köpfe aus. Auf diese Weise entwickelt sich in kurzer Zeit häufig eine größere Anzahl von Köpfen. Wichtig ist, dass die alten Blätter von den neuen Köpfen weitgehend fern gehalten werden, was bei einer größeren Pflanze naturgemäß arbeitsaufwändig ist. Wie Sie sich vielleicht vorstellen können, weisen die neuen Köpfe viele Schlupfwinkel auf, in denen sich Schädlinge einnisten können.

Die kleinen blühenden Juwelen werden entweder durch Samen vermehrt, der auf sandigem Substrat ausgebracht wird und nicht bedeckt werden darf. Conophyten sind Lichtkeimer. Natürlich können Sie auch nach der Ruhephase Stecklinge schneiden. Jeder Kopf kann zum Steckling werden und bewurzelt normalerweise innerhalb von 14 Tagen, wenn Sie das Substrat leicht feucht halten. Am besten ist es, die Samen bzw. Setzlinge ein wenig zu besprühen. Auf diese Weise saugt sich die Erde nicht so voll.

Manche der schönen kleinen Sukkulenten blühen bereits ein oder zwei Jahre nach der Aussaat. Und die Blüte ist wirklich jeder Mühe wert. Die Blütenfarben reichen von Weiß über cremefarben zu Pink und Magenta. Auch purpurfarbene, gelbe, orangefarbene, rote oder

Oben: *Conophytum lithopsoides* blüht im Frühherbst reichlich.

mahagonibraune Blüten gibt es. Conophyten haben also ein wesentliches größeres Farbenspektrum als Lithops. Leider blühen sie – anders als diese – vorzugsweise nachts. Lithops haben hauchdünne Petalen in zartem Gelb, nur wenige haben pinkfarbene Blüten. Einen Vorteil, den die Nachtblüher gegenüber den Tagblühern haben, ist der intensive Duft, den ihre Blüten verströmen, um Bestäuber-Insekten wie Nachtfalter anzulocken. Diese müssen sich bei der Suche nach Nahrung auf ihren Geruchssinn verlassen, denn das Sehvermögen ist nachts ja von geringem Nutzen.

Doch es gibt auch einige tagblühende Conophyten wie *Conophytum wettsteinii* mit recht großen, oben flachen Köpfen in blassem, nicht geflecktem Grün und purpurfarbenen Büten. Auch *C. taylorianum* gehört dazu und zeigt grüne, tief gekehlte, gefleckte Köpfe mit zart purpurfarbenen Blüten.

C. bilobum hingegen hat zwei klar voneinander getrennte, nicht gefleckte Blätter mit roter Lobenkante und gelben Blüten. *C. frutescens* ist eine weitere bilobe Art mit etwas dünneren Blättern und orangefarbenen Blüten. *C. incurvum var. leucanthum* ist eine bilobe Art mit strahlend weißen Blüten.

C. globosum gehört – wie der Name verrät – zu den kugeligen Arten. Die Köpfe sind gefleckt und treiben zart purpurfarbene Blüten. *C. x mar-*

Oben: *Conophytum x „Shukuden"* ist eine besonders seltene Sorte.

nierianum ist besonders leicht zu ziehen, da es sich um eine natürlich vorkommende Hybride handelt, die jedoch auch zur Zucht benutzt wurde. In der Folge kommen die einzelnen Sorten mit einer Vielzahl unterschiedlicher Markierungen und Blütenfarben daher. *C. x marnierianum* blüht in Gelb, Orange und Purpur.

C. ectypum var. tischlerii ist eine besonders hübsche Art mit goldgelben Blüten. *C. pellucidum* begegnet uns in einer Vielzahl von Formen. Nicht zwei Pflanzen weisen die gleiche Form auf, doch die eigentliche Attraktion von *C. pellucidum* sind die Blüten, die sich in strahlendem Weiß mit dottergelber Mitte öffnen. Einige Sorten blühen in pink getöntem Purpur. Trotzdem sollte man sich an diese Conophyten-Art erst heranwagen, wenn man mit anderen, pflegeleichteren Sorten Erfahrung gesammelt hat.

Von den nachtblühenden Sorten sind folgende besonders empfehlenswert: *C. spectabile* hat einen dunkelgrünen Körper mit unregelmäßigen roten Flecken und Linien auf der Oberseite. Die mittelgroßen Blüten verströmen einen berauschenden Duft. Die flache Art *C. obcordellum var. ceresianum* zeigt gelegentlich rote Flecken und blüht in zartem Pink. *C. truncatum* hat größere Köpfe als die beiden vorgenannten Arten. Die Blüten sind strohgelb und duften stark. Auf dem Körper zeigen sich wenige rote Markierungen.

Oben: *Conophytum spectabile* duftet intensiv.

In Japan sind Conophyten äußerst beliebt, daher züchtet man dort auch stets neue Sorten. Da Conophyten artübergreifend gekreuzt werden, tragen sie im Namen ein X und dann folgt der Sortenname (*Conophytum x* „Shukuden"). Orangefarben blühende Pflanzen erhält man, wenn man gelb blühende mit purpurfarben blühenden Arten kreuzt.

Ein weiteres Charakteristikum der japanischen Hybridformen ist, dass die Petalen sich häufig kräuseln, sodass die Blüte einem Feuerwerksrad ähnelt.

Mithilfe dieser Empfehlungen können Sie erste Schritte in der Welt der Conophyten unternehmen. Sie werden bald selbst herausfinden, was Ihnen an dieser unglaublich vielfältigen Gattung am besten gefällt. Conophyten-Freunde finden in Vereinen und Kakteen- bzw. Sukkulentengesellschaften Gleichgesinnte.

● **Cotyledon** (Dickblattgewächse, Crassulaceae) Diese kleine Gattung umfasst etwa zehn Arten, die größtenteils aus dem südlichen Afrika stammen. Ihre Wachstums- und Blühphase liegt im Winter. Die Triebe sind mitunter behaart, rund oder oval. Manchmal laufen die Blätter spitz zu. Häufig sehen die Pflanzen innerhalb einer Art recht unterschiedlich aus. So können sie einfache grüne Blätter besitzen, aber auch weißlich bemehlte, während sich an einigen Pflanzen ein roter Blattrand zeigt, an anderen nicht.

Eine der kleineren Arten, die sich gut zur Kultur im Gewächshaus oder Wintergarten eignet, ist *Cotyledon ladismithensis*. Sie gehört zu den behaarten Arten und bringt eine Vielzahl von orangefarbenen Glöckchenblüten hervor. *C. eliseae* trägt ihren Namen erst seit kurzem. Lange Zeit bezeichnete man sie als „Cotyledon aus dem Quartz River Canyon". Sie ist kleiner

Oben: *Conophytum x marnierianum* ist eine natürliche Kreuzung aus *C. bilobum* und *C. ectypum*.

als *C. ladismithensis* und hat klebrige Härchen auf den Blättern. Wenn man sie umtopft, bleibt der kleinste Erdkrümel an den Härchen hängen, was das Umtopfen zu einer komplizierten Angelegenheit macht. *C. eliseae* zeigt wunderschöne, glockenförmige Blüten in leuchtendem Orange. Aufgrund ihrer langen Blütenstände eignet sie sich besonders als Ampelpflanze.

C. orbiculata weist viele verschiedene Formen auf. Der Großteil besitzt eine blaugrünweißliche Färbung, manche Blätter haben einen roten Rand. Nur eine der Formen zeigt die schöne Blattfärbung nicht, doch diese ist eher selten.

Die Art ist leicht aus Samen und Setzlingen zu ziehen, was sie zur beliebten Zimmerpflanze macht. Die Blüten zeigen die übliche Glockenform, wobei die Spitzen der Petalen nach außen weisen.

● **Crassula** (Dickblattgewächse, Crassulaceae) Das Dickblatt ist eine recht umfangreiche Gattung mit etwa 200 Arten, die alle von der Südhalbkugel stammen, vorzugsweise aus Südafrika. Man findet sie allerdings auch in Australien und Neuseeland. Die Arten unterscheiden sich stark voneinander. Einige sind winterhart und können auch in unseren Breiten im Steingarten gepflanzt werden. Einige wie z. B. *Crassula sediformis* wachsen rasenbildend. *C. helmsii*, das Nadelkraut, hingegen ist eine Unterwasserpflanze. *C. ovata*, der Geldbaum, kann eine Höhe von bis zu 2,5 m erreichen. Meist sind Dickblattgewächse leicht zu ziehen. Die Vermehrung erfolgt üblicherweise durch Stecklinge, obwohl die Pflanze auch bereitwillig Samen ansetzt. Viele Arten wachsen und blühen auf der Nordhalbkugel in den Wintermonaten, doch sie sehen auch außerhalb der Wachstumsperiode

Oben: *Cotyledon ladismithensis* ist eine der kleineren Cotyledon-Arten und eignet sich gut für die Kultur im Gewächshaus bzw. Wintergarten.

Oben: Die hübsche *Crassula nealeana* in Blüte.

gut aus. Die folgenden Pflanzen sind im Handel leicht zu finden. Sollte dies nicht der Fall sein, so können wir Ihnen versichern, dass sie durchweg das Suchen wert sind.

C. ovata, der Geldbaum, findet sich in fast jedem Gartencenter. Mitunter wird der Geldbaum auch *C. argentea* bzw. *C. portulacea* genannt. Auch volkstümliche Namen gibt es mehrere: Jadebaum, Pfennigbaum oder Portulakdickblatt. Er kommt aus der Provinz Natal bzw. der östlichen Kap-Provinz Südafrikas. *C. ovata* ist vermutlich das am weitesten verbreitete Dickblattgewächs. Die Stecklinge bewurzeln ohne jede Mühe, sodass kleinere, selbst gezogene Exemplare der Pflanze auch gut verschenkt werden können. Seine glänzenden, dunkelgrünen Blätter wirft der Geldbaum ab, wenn er nicht genug Nährstoffe und Feuchtigkeit erhält. Im Spätherbst setzt die Pflanze Knospen an, die sich im Winter öffnen. Die Blüten sind weiß mit sternförmig angeordneten Petalen. Manche zeigen einen Hauch von Rosa. Obwohl die Einzelblüte eher klein und unschein-

bar ist, erscheinen die Blüten in so großer Zahl, dass die blühende Pflanze einen außergewöhnlich schönen Anblick bietet. Im Alter entwickelt die Pflanze einen massiven Stamm. Für einen alten Geldbaum ein passendes Pflanzgefäß zu finden ist nicht immer einfach. Doch wenn er Ihnen zu groß wird, können Sie ihn ja immer noch über Stecklinge neu anziehen.

Ausgewachsene Geldbäume sind im Handel sehr teuer. Manchmal werden geradezu astronomische Summen verlangt, vor allem, wenn man berücksichtigt, dass die Pflanze ja schnell wächst und es keine große Mühe bereitet, ein ansehnliches Exemplar heranzuziehen. *C. ovata* liebt es, im Sommer draußen zu stehen, doch ist dies keineswegs nötig, um sie zum Blühen anzuregen. Je mehr Sonnenlicht sie erhält, desto schöner wächst sie heran. Als Zimmerpflanze lässt man dem Geldbaum leider immer zu wenig Licht angedeihen, was zu Geilwuchs bei den Trieben führt, die dann viel zu lang und zu dünn werden. Dann neigen die Zweige sich nach unten, was den Habitus der Pflanze zerstört.

Oben: *Crassula plegmatoides* in einem Steingarten in Südafrika. Die umliegenden Quarzsteine kommen ihrer natürlichen Umgebung recht nahe.

Der Geldbaum eignet sich nicht für Standorte wie das Badezimmer, den Flur oder ähnlich dunkle Ecken. Er stirbt an solchen Stellen zwar nicht ab, doch er wird nie blühen und kann auch seine typische Form nicht entwickeln. *C. ovata* gibt es in verschiedenen Blattfarben: „Blue Haze" oder „Blue Bird" zeigt eine schöne blaugrüne Farbe (nicht zu verwechseln mit *C. arborescens*). „Hummels Sunset" hat goldene Blätter mit roten Markierungen, die sich allerdings nur zeigen, wenn die Pflanze volles Sonnenlicht erhält. Eine andere Hybridform ist „Crosby's Compact", die nur etwas kleinere Blätter zeigt als die Urform und langsamer wächst.

C. arborescens ähnelt *C. ovata*. Die Art zeigt denselben Habitus, wächst aber langsamer. Das „Baum-Dickblatt" kommt aus der westlichen Kap-Provinz in Südafrika, wo es trockener ist als in der Heimat von *C. ovata*. Der Hauptunterschied liegt in der Blattfarbe, die blaugrün ist und einen deutlichen roten Rand zeigt. Auch die Blattform ist anders: *C. ovata* hat ovale Blätter, *C. arborescens* kreisrunde.

Die hübsche *C. nealeana* aus Südafrika erlangte erstmals in den Dreißigerjahren Berühmtheit. In einem Topf mit weniger als 11 cm Durchmesser gedeiht sie nicht, aber wenn sie zu groß wird, können Sie sie leicht zurückschneiden. Sie lässt sich leicht aus Setzlingen ziehen. Die Pflanze besitzt kleine, grauweiße Blätter mit rotem Rand, die einander paarig gegenübersitzen. Sie blüht im Herbst und bringt einen weißen, verzweigten Blütenstand hervor. Die Rückseite der Petalen ist rot gefärbt.

C. arta trug bereits viele verschiedene Namen: *C. cornuta*, *C. deceptor* oder *deceptrix* und *C. deltoidea*. Doch wie man sie auch immer nennen mag, es handelt sich auf jeden Fall um eine äußerst attraktive Art, die langsam wächst. Die Pflanzen, die unter den aufgeführten Namen angeboten werden, sind sehr eng verwandt und lassen sich daher nicht immer voneinander unterscheiden. Die unterschiedlichen Namen mögen mit den Regionen zusammenhängen, in denen sie erstmals gefunden wurden. Alle Arten sind jedoch in Südafrika beheimatet.

Diese kleinen Sukkulenten zeigen weiße, paarig angeordnete Blätter an sehr kurzen Stämmen. Die Blätter sind gefleckt, doch meist so dicht mit mehligem Überzug bedeckt, dass die Flecken gar nicht zu sehen sind. Der Überzug lässt sich nicht abwischen. Die Pflanzen dürfen keinesfalls zu viel gewässert werden. Da sie sehr langsam wachsen, sollte die Erde zwischen den Gießperioden abtrocknen. Setzen Sie sie also in Komposterde mit gutem Wasserabzug und stellen Sie sie in volles Sonnenlicht.

Ein anderes Dickblattgewächs, das jeder Sukkulentensammlung gut ansteht, ist *C. falcata*, eine Art, die man früher als *Rochea falcata* oder als *C. perfoliata var. minor* bezeichnete. Volkstümlich nennt man sie „Sichel-Dickblatt". Sie hat raue, blaugraue Blätter, die ein wenig wie Flugzeug-Propeller wirken. Die Blätter sind sichelartig geformt. Ausgewachsen erreicht die Pflanze eine Höhe von 30 bis 45 cm. Wenn sie blüht, ist sie noch höher, denn der Blütenstand ragt nochmals 10 bis 15 cm über die Blätter hinaus. Die tief korallenroten Blüten sind recht groß und duften darüber hinaus noch berauschend. Ist die Pflanze abgeblüht, treibt sie an der Basis und der Spitze Schösslinge. Mit diesen können Sie die Pflanze neu anziehen.

C. mesembryanthemopsis ist ein langer Name für eine so kleine Pflanze, doch sie heißt so, weil sie an die Mesembryanthemum-Arten erinnert. *C. mesembryanthemopsis* ist eine der kleinsten Crassula-Arten, aber auch eine der attraktivsten. Sie besitzt bläulich-weiße, dreieckige Blätter mit abgeflachten Spitzen, die rosettenförmig dicht am Boden wachsen. Für alle Pflanzen, die sich am Boden ausbreiten, sollte in Kultur für einen guten Wasserabzug gesorgt sein, denn häufig sammelt sich Feuchtigkeit rund um den Stamm, was zu Fäulnis führen kann. Um die Blätter vor dem Kontakt mit der feuchten Erde zu schützen, können Sie Kies oder ein anderes Drainagematerial ausstreuen. Die Wachstumsperiode von *C. mesembryanthemopsis* reicht vom Herbst über den Winter bis Frühling. Ihre Blütenstände wachsen im Herbst aus der Mitte der Rosette und tragen weiße Blütendolden. Bei trockenem Stand vertragen sie im Winter Temperaturen bis zu 5° Celsius.

C. x „Morgan's Beauty" ist eine Kreuzung aus *C. falcata* und *C. mesembryanthemopsis*, in der die besten Eigenschaften beider Pflanzen zusammenfließen. Die Art besitzt die blaugrauen, rauen Blätter von *C. falcata*, doch den kompakten Wuchs von *C. mesembryanthemopsis*. Jede Rosette bringt einen Blütenstand mit einer schönen pinkfarbenen Dolde hervor. Die Blüten duften so gut, dass ein Kenner an „Morgan's Beauty" einfach nicht vorbeikommt.

C. nemorosa kommt aus der südwestlichen Kap-Provinz Südafrikas und zeigt für ein Dickblattgewächs unübliche Charakteristika. Sie wächst in unterirdischen Wurzelknollen heran, die im Spätsommer bzw. Frühherbst kleine, blaugraue Schösslinge treiben, an denen winzige, herzförmige Blätter sitzen. Wenn die Pflanzen im Spätherbst reichlich gegossen werden, bringen die Triebe cremeweiße Glöckchenblüten hervor. Während des Sommers allerdings ist absolute Ruhepause angesagt. In dieser Zeit stirbt der oberirdische Teil der Pflanze vollkommen ab. Vermutlich wanderten viele Crassulanemorosa-Pflanzen in den Müll, weil ihre Besitzer dachten, die Pflanze sei vertrocknet.

Das Umtopfen von *C. nemorosa* ist, wenn es während der Ruhephase unternommen wird, nicht ganz einfach. Am besten setzen Sie die Pflanze um, wenn sie gerade zu treiben anfängt. Gelingt das nicht, sollten Sie sie einfach gut pflegen und auf das Umtopfen bis zum nächsten Jahr verzichten. Zur Vermehrung können Sie ein paar der Wurzelknollen ausgraben, die sich bereitwillig vermehren.

C. muscosa, die früher als *C. lycopodioides* bezeichnet wurde und auch heute noch unter diesem Namen im Handel ist, gehört ebenfalls zu den kulturwürdigen Dickblattgewächsen. Sie kommt aus dem westlichen Südafrika und zeigt viele verschiedene Formen.

Meist wächst sie als kleiner Busch mit Trieben von 20–40 cm Höhe und 3–10 cm Durchmesser. Die Blätter liegen eng um den Stamm und bedecken ihn völlig. Dies erklärt auch den volkstümlichen Namen der Pflanze, nämlich „Eidechsenschwanz". Die Blüten sind gelb und so winzig, dass man die Blütezeit im Frühling leicht verpasst. Bedauerlicherweise riecht die Pflanze während dieser Zeit ein wenig seltsam. Von Duft kann man hier jedenfalls nicht sprechen. Einige Formen der *C. muscosa* sind so klein, dass sie tatsächlich den Moospolstern ähneln, deren Namen die Art trägt. Es gibt mehrfarbige Sorten ebenso wie cristate bzw. monströse Formen. Die Pflanze lässt sich leicht aus Setzlingen vermehren.

C. marnieriana und *C. rupestris* sind im Handel erhältlich. Keine der beiden Arten ist schwierig zu ziehen. Beide werden unter dem volkstümlichen Namen „Jadekette" geführt.

Andere empfehlenswerte Arten sind: *C. columnella*, *C. barklyi* (die bis vor kurzem noch als *C. teres* bekannt war), *C. pyramidalis* und *C. quadrangulans*. Alle diese Arten wachsen aufrecht und haben dicht stehende Blätter. Wenn die Pflanze blüht, stirbt der Kopf, aus dem der Blütenstand hervorging, hinterher ab. Wenn sie dann nicht an Stamm oder Basis Schösslinge treibt, ist die Pflanze verloren. Die Blüten erscheinen in dichten Tuffs über der Pflanze und duften süß.

Auch *C. tecta* und *C. alstonii* (besonders empfehlenswert) sind höchst attraktiv. Sie blühen in Dolden an langen Blütenständen, die aussehen wie kleine Pompons. Beide Arten sind weißgrau und schätzen einen trockenen Stand. Einige Dickblattgewächse können bis zu 40 cm heranwachsen. Dazu gehören *C. conjuncta*, *C. sladeniana* und *C. perforata*. Alle drei können leicht aus Sämlingen gezogen werden.

Oben: *Dasylirion wheelerii*, die bekannteste Art dieser Gattung.

● **Dasylirion** (Nolinaceae)

Die Arten dieser kleinen Gattung erreichen in ihrer natürlichen Umgebung in Mexiko und den südlichen USA einen Durchmesser von 3–4 m. *Dasylirion* ist eine zweihäusige Art (man braucht zur Befruchtung männliche und weibliche Pflanzen), die nach der Blüte abstirbt. Wie die Agaven sammelt *Dasylirion* ihre Kraft für die Blüte.

Dasylirion wheelerii ist die bekannteste Art. Ihre schmalen, 60 cm langen Blätter fallen sternförmig auseinander. Die Blätter sind am Rand leicht gezähnt, wobei die Zähnchen nach innen, zur Blattmitte, weisen. Der federige Blütenstand wird bis zu 3 m lang. Die Samen sitzen dicht an dicht in den Samenkapseln. Sie sehen aus wie kleine, schwarze Scheiben. Wie bei den Agaven werden auch hier die Samen häufig von denselben Insekten befallen, die die Pflanze bestäuben. Obwohl *Dasylirion* eine zarte Pflanze ist, erweist sie sich bis 1 oder 2 Grad minus als frosthart, wenn für gute Drainage gesorgt ist. *Dasylirion wheelerii* ist übrigens eine der wenigen Dasylirien, die sich nach der Blüte teilen.

● **Dudleya** (Dickblattgewächse, Crassulaceae)

Diese Sukkulenten aus der Neuen Welt kommen aus Kalifornien, Arizona und Mexiko. Die weiß bemehlten Blätter wachsen zu schönen Rosetten heran. Die Blätter sind allerdings recht empfindlich. Sobald der weiße Überzug verletzt oder ganz beseitigt wurde, wächst er nicht mehr nach. Vorsicht also beim Gießen! Der pudrige Überzug hilft den Pflanzen, die Feuchtigkeit in den Blättern zu halten. Auf diese Weise kann das Wasser nicht durch die Poren verdunsten. In der freien Natur geht der Überzug manchmal durch starke Regenfälle verloren. Glücklicherweise gibt es solche nur in der Ruhephase der Pflanze, wenn die Rosette fast geschlossen ist.

Anders als die Echeverien werfen Dudleyen ihre unteren, vertrockneten Blätter nicht ab. Sie bleiben an der Pflanze hängen und schützen den Stamm. Die Wachstumsphase beginnt im Sommer, Blütezeit ist also gegen Ende des Sommers. Dann trägt die Pflanze viele kleine, grünlich gelbe Blüten in Sternform auf einem oder zwei Blütenständen. Je kleiner die Art, desto mehr Blütenstände bringt sie hervor. Dudleyen müssen nicht warm überwintert werden, doch Minustemperaturen schätzen sie auch nicht. Einzelne Dudleya-Rosetten können einen Durchmesser von 50 cm erreichen, obwohl nicht alle Arten so starkwüchsig sind. *Dudleya brittonii* und *D. anthonyi* sind die größten Arten ihrer Gattung. Gewöhnlich bringen sie keine Seitentriebe hervor, sondern einen riesigen Blätterkranz.

Für begeisterte Sammler ist *D. pachyphytum* eine lohnende Pflanze. Auch sie zeigt die klassische weiße Bemehlung, ihre Blätter werden mitunter fast fingerdick. Sie kommt aus Mexiko und wächst sehr langsam. Vermehrt wird sie sowohl durch Samen als auch durch Setzlinge.

D. farinosa gehört zu den kleinwüchsigeren Arten, die im Handel leicht erhältlich sind. Sie hat viele kleine Blätter von 6 cm Länge und 2–3 cm Breite. Andere kleinwüchsige Arten sind *D. cymosa* und *D. saxosa*.

Wenn Sie etwas ganz anderes möchten, versuchen Sie es mit *D. viscida*. Die Pflanze hat lange, schmale Blätter ohne den charakteristischen Überzug. Stattdessen sind sie von einem leimartigen Gel bedeckt, auf dem alles, aber auch alles hängen bleibt: Erdklümpchen, Insekten und so weiter. Diese Blätter wirken auch als Schutz vor der heftigen Sonneneinstrahlung.

● **Echeveria** (Dickblattgewächse, Crassulaceae)

Die Echeverien sind von allen Dickblattgewächsen am häufigsten in der freien Natur zu finden. Trotzdem bleiben sie auf den amerikanischen Kontinent beschränkt. Sie wachsen im Süden der USA, in Mexiko und Zentralamerika, aber auch in Argentinien. Da sie so leicht zu kultivieren, zu kreuzen und zu vermehren sind, gedeihen sie auch unter den Händen des Einsteigers gut. Einige Echeverien werden von hartgesottenen Kaktusfans sogar als „Sukkulentenkohl" verspottet, weil sie gewellte Blätter haben. Aber das ist natürlich mehr als ungerecht.

Diese ausgesprochen anpassungsfähigen Pflanzen lassen sich für fast jeden Zweck einsetzen: als Beetpflanze in Seebädern, als Ampelpflanze oder zum Begrünen eines Spaliers. Natürlich wachsen sie auch einfach als Topfpflanzen im Gewächshaus.

Es gibt zwischen 100 und 150 Arten und viele, viele Zuchtformen. Sie kommen mit einfachen grünen Blättern daher, andere zeigen purpurfarbene Markierungen, wieder andere Behaarung oder einen mehligen Überzug. Sehr bekannt sind die graugrünen und blaugrünen Arten. Sie bilden Rosetten und blühen das ganze Jahr über. Ihre Blütenstände wachsen mehr als einmal aus dem Herz der Pflanze. Die Blütenfarben variieren von Zitronengelb hin zu hellem Scharlachrot. Viele Arten haben zweifarbige Blüten in Gelb-Orange oder Gelb-Rot.

Außerdem werden innerhalb der Gattung *Echeveria* ständig neue Arten entdeckt. Da sie über mächtige Gebirgszüge verstreut wachsen, ist es kaum möglich, die zahllosen Nischen, Senken und Winkel je vollständig zu erforschen. Im Übrigen braucht es Zeit, um zweifelsfrei festzustellen, ob eine Pflanze tatsächlich eine eigene Art bildet oder nur eine Varietät einer bereits bekannten Art darstellt.

Es existieren zahllose Hybridformen, die nicht nur wegen ihrer Blüten, sondern auch wegen Körperfarbe und Blattform gezüchtet werden. Die meisten Echeverien-Hybriden stammen aus den USA und entspringen bewusster Züchtung, doch manche Formen haben sich auch spontan in den Sammlungen begeisterter Echeverien-Liebhaber gebildet, wo unterschiedliche Arten mitunter zur selben Zeit zur Blüte gelangen. Man kennt Interspezies-Züchtungen (*Echeveria* mit *Echeveria*), aber auch artübergreifende Hybridisierungen zwischen *Echeveria* und *Graptopetalum*, was die neue Art *Graptoveria* ergab. Andere Kreuzungen ergaben *Sediveria* (*Echeveria* und *Sedum*), *Dudleveria* (*E. plus Dudleya*) und *Pachyveria* (*E. plus Pachyphytum*).

Echeverien-Arten finden sich zahlreich in Gartencentern und Gärtnereien. *Echeveria agavaoides* zum Beispiel ist sehr beliebt. Ihr Name signalisiert bereits, dass sie der Agave gleicht. Die Blätter sind spitz, aber nicht gefährlich, und

zeigen ein kräftiges Grün. Jüngere Sorten ziert ein roter Rand. Die Pflanzen wachsen meist als Solitäre und erreichen bis zu 30 cm im Durchmesser. Eng verwandt ist *E. purpusorum*. Die Art ist ein wenig kleiner und wächst nicht so schnell, hat aber schöne purpurfarbene Markierungen auf den Blättern.

E. elegans ist eine recht häufig zu findende Art mit blaugrünen Blättern, die bereitwillig Schösslinge treibt, sodass der Besitzer zu Geburtstagen immer etwas zu verschenken hat. Eine größere Art mit blaugrauen Blättern ist *E. gibbiflora* „Carunculata". Wenn die Pflanze voll ausgewachsen ist, erscheinen seltsame Auswüchse auf der Blattoberfläche, deren Struktur dem Kehllappen eines Truthahns ähnelt. Im Winter, wenn sich die Blätter weniger wuchsfreudig zeigen, gehen die Auswüchse zurück und die Blätter nehmen wieder ein „normales" Aussehen an.

E. pulidonis ist eine beliebte, gelb blühende Art mit blaugrünen, rot gerandeten Blättern. Die einzelnen Köpfe werden nicht zu groß, sondern erreichen höchstens einen Durchmesser von 9 cm. Allerdings bildet die Pflanze Polster.

Oben: *Echeveria gibbiflora „Carunculata"* zeigt charakteristische Auswüchse auf der Blattoberfläche.

Oben: *Echeveria subrigida* gehört zu den schönsten Arten dieser Gattung.

Von den stark bemehlten Arten ist *E. subrigida* hervorzuheben, welche es im Wuchs leicht mit den kräftigeren Dudleyen aufnehmen kann. Allerdings ist sie nicht so leicht zu pflegen, denn sie neigt dazu, am Stamm abzufaulen, und bewurzelt nicht leicht. Gewöhnlich zeigt sie nur eine einzelne Rosette ohne Seitentriebe. Wenn Sie die Mitte der Pflanze herausschneiden, wird sie zur Produktion von Blütentrieben angeregt. Auf diese Weise erhalten Sie Samen und können so neue Pflanzen ziehen.

E. lauii aus Mexiko ist wohl die Art mit den dicksten Blättern. Auch sie ist weiß bemehlt und hat einen äußerst attraktiven Blütenstand mit langen, pudrig weißen Hochblättern, welche die Blüte schützen. Auch *E. runyonii*, ebenfalls aus Mexiko, ist stark bemehlt. Die Blätter dieser Pflanze zeigen sich im Querschnitt V-förmig, wobei die Spitze des V nach oben weist.

Eine besondere Blattform zeigt *E. shaviana*. Bei ihr sind die Blattränder nämlich gewellt. Das Blatt zeigt eine blaugraue Farbe, die manchmal rosa überhaucht ist. *E. shaviana* bleibt eher klein und gedeiht auch im 10-cm-Topf eine ganze Weile recht gut, obwohl sie sich beim Größerwerden immer etwas ziert.

E. setosa ist für alle Sukkulentenliebhaber ein Muss, die eine kräftige Behaarung schätzen. Ihre haarigen Blütenstände überziehen sich bald mit leuchtend roten oder gelben Blüten. Die Art bildet Polster, sodass die Schösslinge jederzeit zur Vermehrung abgenommen werden können. Auf diese Weise kann man das Wachstum der Ursprungspflanze ein wenig bremsen. *E. leucotricha* ist vermutlich die am stärksten behaarte Art unter den Echeverien, ist aber im Handel nicht so leicht zu finden.

Mit Ausnahme von *E. gibbiflora* und *E. leucotricha* wachsen die bisher vorgestellten Arten stammlos. Doch die meisten Hybridformen wachsen mit der Zeit zu ansehnlichen Stämmen heran. Wenn die Pflanze Sie also zu sehr an einen Totempfahl erinnert, dann haben Sie immer noch folgende Möglichkeit: Schneiden Sie die Rosette vom Stamm, lassen Sie sie ein paar Tage abtrocknen, bis sich ein Wundüberzug über dem Schnitt gebildet hat, und topfen Sie sie dann in eine sandige Erdmischung ein, wo sie bewurzeln soll. Am besten geschieht dies zu Beginn der Wachstumsphase, kann aber auch noch im Spätsommer erledigt werden. So kann die Pflanze noch vor dem Winter neue Wurzeln ausbilden. Werfen Sie den Stamm nicht weg, denn dieser treibt häufig neue Schösslinge, was Ihnen noch mehr Ableger beschert.

Unsere *Echeveria x* „Katella" ist eine Hybridzüchtung, die häufig zu groß wurde. Daher hat man sie der oben beschriebenen Behandlung unterzogen. Mittlerweile wächst sie stammlos und hat einen Durchmesser von 60 cm entwickelt.

Der einzelne Kopf wurde immer wieder auf diese Weise verjüngt und konnte nie zur Blüte gelangen. Sobald ein Blütenstand im Zentrum der Rosette sichtbar wurde und die Pflanze groß genug war, wurde sie vom Stamm getrennt. So ging die gesamte Wuchskraft in die Pflanze selbst und wurde nicht auf die Produktion von Blüten bzw. Samen verschwendet.

Oben: *Echeveria x „Katella"*

Bei vielen Echeverien lassen sich die Hochblätter am Blütenstand vorsichtig abnehmen, sodass man sie in die Erde setzen und bewurzeln lassen kann. Auch die Blätter unterhalb der Rosette können Sie abnehmen und eintopfen. So vergrößern Sie Ihren Pflanzenkindergarten. Vergessen Sie nicht, dass die Erde vergleichsweise sandig sein soll. Solche Setzlinge sind genetisch identisch mit der Elternpflanze.

Zweifelsohne ist eine Sammlung von Echeverien zu jeder Jahreszeit ein besonders attraktiver Anblick. Andererseits brauchen gerade Echeverien viel Aufmerksamkeit, weil sie besonders leicht zur Beute von Woll- und Schmierläusen werden. Sammeln Sie auf jeden Fall alle alten Blätter ab und topfen Sie die Pflanzen regelmäßig um, denn nur wenn man die Pflanze auch einmal umdreht, kommen alle die Verstecke für die Schadinsekten zum Vorschein. Wollläuse sammeln sich mit Vorliebe auf jener Seite der Pflanze, die nicht im Sichtbereich liegt. Zur

Bekämpfung der Woll- und Schmierlaus siehe Seite 46. Wenn Sie Insektizide benutzen, halten Sie sich bitte ganz genau an die Anleitung. Benutzen Sie systemische Insektizide, die von den Pflanzen über die Wurzeln aufgenommen werden. Alle Dickblattgewächse mögen es nicht, besprüht zu werden. Dies hinterlässt meist hässliche Flecken auf ihrer Haut, vor allem bei den bemehlten und behaarten Arten. Echeverien sind nicht anspruchsvoll, was die Erde betrifft, in der sie stehen. Am liebsten mögen sie allerdings mit Sand vermischten Kompost. Dieser ist nach der Winterruhe leichter zu gießen als torfbasiertes Substrat. Außerdem ist solch eine Mischung auch schwerer, was verhindert, dass die Pflanzen kopflastig werden und umkippen. Trotzdem sollten Sie die Erde während der Winterruhe eventuell mit größeren Steinen abdecken. So sind Sie vor Überraschungen sicher. Im Sommer können Sie sie gerne nach draußen stellen, dann bekommen die Echeverien ein Maximum an Farbe. Die bemehlten Sorten müssen allerdings regensicher stehen, sonst wird der Überzug beim geringsten Schauer weggespült.

- **Euphorbia** (Wolfsmilchgewächse, Euphorbia)
Die Euphorbien gehören zur unglaublich umfangreichen Familie der Wolfsmilchgewächse mit etwa 300 Gattungen und 8 000 Arten. Man findet sie nahezu überall auf der Welt. Es gibt sukkulente Euphorbien, solche, die auf Steinen wachsen, staudenförmige Euphorbien und Unterwasser-Euphorbien.

Man nennt sie mitunter auch „Giftige Schönheit", was auf den kautschukartigen Milchsaft zurückgeht, dem die Art ihren deutschen Namen „Wolfsmilch" verdankt. Dieser Saft tritt aus, wenn der Stiel der Pflanze beschädigt oder geknickt wird. Einige Wolfsmilchgewächse stehen während der Wachstumsphase so unter Druck, dass der Saft von selbst austritt und in alle Richtungen spritzt.

Mit wenigen Ausnahmen ist dieser Saft giftig. Achten Sie also darauf, dass er nicht in offene Wunden gerät, in die Augen oder gar über den Mund aufgenommen wird. Der Saft verursacht starke Schmerzen. Sollten Sie also tatsächlich damit in Berührung gekommen sein, waschen Sie die Wunde sofort mehrmals mit kaltem, sauberem Wasser aus. Kommt es trotzdem zu einer Schwellung, müssen Sie sofort zum Arzt oder ins Krankenhaus! Außerdem sollten Sie die Pflanze in Wasser tauchen, damit der Saft nicht mehr weiterfließt. All dies sollte Sie aber nicht davon abhalten, diese schöne Pflanze zu kultivieren.

Es gibt mindestens 1 200 sukkulente Euphorbienarten, aus denen Sie für Ihre Sammlung eine auswählen können. Sukkulente und nichtsukkulente Arten vermehren sich auf dieselbe Weise: Sie sind getrenntgeschlechtlich, das heißt, sie brauchen männliche und weibliche Pflanzen, damit die Bestäubung gelingen kann. Bei einigen Euphorbien aber kommt es vor, dass eine einzelne Pflanze männliche und weibliche Blüten trägt.

Euphorbia pulcherrima ist wohl am besten geeignet, um diese Eigenart der Euphorbien zu illustrieren. Selbst wenn Sie die Bezeichnung *E. pulcherrima* noch nie gehört haben, kennen Sie die Pflanze vermutlich unter ihrem volkstümlichen Namen „Weihnachtsstern". Diese wunderschönen, feuerroten „Blütenblätter" dieser Pflanze sind in Wirklichkeit gefärbte Hochblätter. Die Blüten selbst besitzen keine Blütenblätter oder Petalen. Die Samenkapsel enthält drei Kammern und bringt im Normalfall genau drei Samen hervor. Die Pflanze blüht das ganze Jahr über, wenn sie im Winter warm genug steht.

Neben *E. pulcherrima* erfreut sich auch *E. millii*, der Christusdorn, großer Beliebtheit. Der Christusdorn gehört zu den Sukkulenten, obwohl er einen kräftigen Stamm besitzt und seine Blätter verliert, wenn er nicht ausreichend gegossen wird. Er kann bis zu 3,5 m Höhe und einen ebensolchen Durchmesser erreichen. Wird er zu groß für seinen Standort in Ihrem Haus, können Sie ihn problemlos zurückschneiden. Nehmen Sie Setzlinge ab und lassen Sie diese in mit Sand vermischter Komposterde bewurzeln. Wenn sie genug Licht hat, blüht *E. millii* das ganze Jahr über. Die Hochblätter sind gewöhnlich scharlachrot gefärbt, doch es gibt auch rosarote, weiße, gelbe und korallenrote Formen. Bei der ursprünglichen Art sind die Hochblätter klein, bei den jüngeren Zuchtformen wurden sie größer selektiert, um die Pflanze attraktiver zu machen. Der Christusdorn lässt sich aus Samen ziehen.

Bei einem Besuch auf den Kanarischen Inseln können Sie Euphorbien in ihrer natürlichen Umgebung bewundern. *E. canariensis* zum Beispiel wird 2 bis 3 m hoch und kann dasselbe Maß im Durchmesser entwickeln. Sie wächst strauchig. Jedes Gesträuch besteht aus vierrippigen Stämmen. *E. canariensis* ist eine ausgezeichnete Topfpflanze, wird aber irgendwann zu groß für die Haltung in Innenräumen. *E. atropurpurea*, *E. balsamifera*, *E. aphylla* und *E. regis-jubae* sind sehr attraktive Pflanzen, wachsen jedoch zu buschig für die Topfkultur. *E. mellifera* ist eine nicht-sukkulente Euphorbie, die an einem geschützten Ort in frostfreien Gegenden auch draußen gezogen werden kann. Am besten steht sie mit dem Rücken zu einem wärmenden Hintergrund wie einer Wand oder einem Fenster. Zu den kanarischen Euphorbien gehört außerdem die beliebte *E. tirucallii*, die keine natürlich vorkommende Art ist. Sie hat sich wohl aus Gärten selbst ausgesät und ist nun als gärtnerisches Kleinod dorthin zurückgekehrt.

Die schöneren sukkulenten Arten der Euphorbia kommen aus dem südlichen Afrika und aus Madagaskar. *E. obesa* hat vermutlich die besten Aussichten, in der Wüste zu überleben. Sie hat keine Dornen oder Blätter. Ihr zylindrischer, fein gerippter Körper trägt zarte geometrische Markierungen, welche die Pflanze besonders attraktiv erscheinen lassen. Gegen übermäßiges Gießen ist sie allergisch. Sie braucht volle Sonne und einen guten Wasserabzug. Zur Vermehrung braucht man weibliche und männliche Pflanzen.

E. obesa ähnlich sind *E. meloformis* und *E. valida*. Der Hauptunterschied ist wohl, dass

beide ihre Blüten auf dünnen, grünen Stielen hervorbringen, die zu hellem Braun vertrocknen und nach der Blüte auf der Pflanze verbleiben, wodurch sie aussieht, als besitze sie Hörner. Im Alter produzieren beide Arten Seitentriebe und bilden Polster, was *E. obesa* nicht tut.

E. bupleurifolia, *E. horrida* und *E. stellaspina* sind drei südafrikanische Arten, die auf jeder Euphorbienschau mit prächtigen Exemplaren vertreten sind. Alle bilden im Alter Polster, wobei *E. horrida* zu den größten Exemplaren heranwächst. Alle drei sind attraktive, kulturwürdige Arten.

Aus Madagaskar kommen zahlreiche Arten, die in den Wintermonaten mehr Wärme brauchen als üblich. Die Lösung heißt hier Gewächshausheizung. Auf Seite 34 stellen wir Ihnen verschiedene Formen vor. *E. leuconeura*, *E. lophogona*, *E. neohumbertii*, *E. viguierii* und *E. hislopii* ähneln im Wachstum *E. millii*, sind jedoch weniger starkwüchsig.

Die kleineren Madagaskar-Arten wie *E. decaryi*, *E. capsaintermariensis* und *E. francoisii* sind

Oben: *Euphorbia obesa* aus dem südlichen Afrika ist eine der sukkulenten Euphorbienarten.

Oben: *Euphorbia cooperii* gehört zu den starkwüchsigen Sorten, die im Handel leicht erhältlich ist.

Abblühen an der Pflanze verbleiben, ist sehr beliebt. Die Blütenstände der polsterbildenden *E. ferox* härten später zu Stacheln aus. Andere Arten wie *E. cooperii*, *E. resinifera* und *E. grandialata* finden sich von Zeit zu Zeit im Handel, doch sollte man nicht vergessen, dass auch sie zu recht ansehnlichen Exemplaren heranwachsen. Auch *E. ingens* findet sich mitunter im Gartencenter. Diese Art bildet dicke, vierrippige Säulen und wächst sich mit der Zeit zu einem Baum von 9–12 m Höhe aus.

Sukkulente Euphorbien werden nicht um ihrer Blüten willen gezogen, die meist recht unscheinbar sind. Entscheidend sind hier Wuchsform und Farbe des Stammes, aber auch Markierungen und Dornen. Für alle Liebhaber des Besonderen sind mehrfarbige und cristate Formen erhältlich. Mehrfarbige Euphorbien bringen ein wenig Abwechslung in die zum Grün tendierende Pflanzengruppe. Wir konnten Ihnen hier nur wenige Arten vorstellen, denn die Familie der Wolfsmilchgewächse ist einfach zu zahlreich, um hier erschöpfend beschrieben werden zu können.

Es gibt jedoch viele Euphorbien-Vereine, in denen Liebhaber auf ihre Kosten kommen. Ständig werden neue Arten entdeckt. Vor allem Südamerika ist in dieser Hinsicht noch kaum erforscht.

● **Faucaria** (Mittagsblumengewächse, Aizoaceae)
Diese kleine Pflanzengruppe gehört zu den dankbarsten Kulturpflanzen. Sie kommen aus der östlichen bzw. südöstlichen Kap-Provinz in Südafrika. Sie bilden keinen Stamm aus, sondern formen hübsche Polster. Ihre grünen Blätter zeigen sich manchmal gesprenkelt. Häufig zeigt die Rückseite der Blätter einen Kiel, während der innere Rand gezähnt ist. Die Zähne verleihen der Pflanze das Aussehen eines Tigergebisses, daher nennt man sie im Volksmund auch „Tigerrachen". Die Zähne bzw. der Kiel zeigen sich häufig rosa oder rot überhaucht. Die Pflanze ist meist aus drei bis vier Blättern aufgebaut, die abwechselnd aufeinander sitzen. Manchmal verzweigen sie sich auch.

sehr attraktiv. Alle haben vergrößerte Wurzelstöcke und verlangen viel Pflege. Andererseits brauchen sie keinen vollsonnigen Standort und sind mit einem halbschattigen Platz zufrieden.

Es gibt auch sehr hübsche kleine Euphorbien, die mehr strauchartig wachsen. Sehr hübsch ist *E. antisyphilitica* aus den USA und Mexiko, die sehr dünne Triebe aufweist, die bis zu 30 cm hoch werden können. In der Wildnis bildet sie sehr große, niedrige Büsche, in Kultur aber wächst sie eher langsam. Sie hat hübsche, weiß und pinkfarbene Blütchen und blüht sehr lange. Im Topf erreicht sie etwa 15 cm Höhe.

Am häufigsten trifft man im Gartencenter auf *E. trigona* mit ihren dreirippigen Stämmen und ihren kleinen Blättern, die regelmäßig abgeworfen werden. *E. trigona* bildet mit der Zeit schöne Polster, auf den Trieben zeigen sich nicht selten attraktive purpurfarbene Markierungen. Auch *E. mammillaris* mit grünen Stämmen und kleinen Blütenständen, die nach dem

Oben: *Faucaria tuberculosa* mit ihrer schönen herbstlichen Blüte

Mit einer einzigen Ausnahme blühen die Faucarien gelb. Die Ausnahme ist *Faucaria candida*, die – wie der Name sagt – weiß blüht. Die Blüten sind groß, sie erreichen bis zu 5 cm Durchmesser, wobei sie die Köpfe der Pflanze häufig überdecken. Sie blühen im Herbst und im Winter. Wenn *F. candida* spät im Jahr blüht, zeigen die Petalen häufig einen rosafarbenen Schein. Das kalte Wetter scheint die Tönung ebenso zu verstärken wie intensive Sonnenbestrahlung. Gegossen werden müssen diese Pflanzen nur vom späten Frühjahr bis zum Herbst. Allerdings stecken sie auch versehentliches Gießen im Winter weg, wenn es nicht zu viel ist. Sobald die Pflanze für den Topf zu groß geworden ist oder Ermüdungserscheinungen zeigt, sollte sie umgesetzt werden.

Faucarien sind leider anfällig für die Rote Spinnmilbe. Achten Sie also auf erste Anzeichen eines Befalls: rostfarbener Belag auf dem Neuaustrieb oder feine Spinnweben in der Mitte der Triebe. Am besten benutzen Sie ein systemisches Insektizid aus dem Gartencenter. (Siehe dazu auch Seite 46.) Vermehrt werden Faucarien ganz einfach aus Samen – ähnlich den Conophyten – oder aus Stecklingen.

Empfehlenswerte Arten sind: *F. tigrina*, *F. felina*, *F. candida* und *F. tuberculosa*. Bei Letzterer ist die Blattoberfläche mit kleinen, weißen Auswüchsen besetzt.

● **Gasteria** (Affodilgewächse oder Asphodelaceae)

Gasterien stammen aus den Küstenregionen Südafrikas und dringen höchstens 200 m ins Inland vor. Die in Kultur befindlichen Pflanzen werden unter zahllosen Namen verkauft, doch gibt es von den Gasterien eigentlich nur 16 Arten und eine Unterart.

Gasterien sind ausgesprochen anpassungsfähige Pflanzen und brauchen keine besondere Pflege. Im Winter allerdings mögen sie es nicht zu kalt und auch nicht nass, weil sie sonst schwarze Flecken auf den Blättern entwickeln. Für die Pflanze ist das nicht weiter bedrohlich, aber sie bleibt entstellt, bis die betroffenen Blätter abgefallen sind. Gasterien müssen im Winter ein wenig gegossen werden, aber keinesfalls zu viel. Sollten Sie doch zu viel Gießwasser verwendet haben, drehen Sie am besten am Standort der Pflanze die Heizung auf.

Gasterien haben ihren Namen von der dick angeschwollenen Basis der Pflanze, die frühere Pflanzenkundler offenkundig mit einem „Magen" assoziiert haben. Die Blüten erscheinen an einem Trieb, der häufig verzweigt ist. Bei *Gasteria maculata* zum Beispiel sind sie orange an der Basis, werden dann gelb und laufen an den Spitzen in kräftiges Lindgrün aus. Gasterien blühen bereitwillig und fast zu jeder Jahreszeit, obwohl auch sie natürlich die lichtreicheren Monate bevorzugen. Das Substrat ist bei Gasterien nicht so wichtig. Mischen Sie mehr Sand unter den Kompost als üblich, denn die fleischigen Wurzeln der Gasterien verfaulen leicht, wenn nicht für guten Wasserabzug gesorgt ist.

● **Gibbaeum** (Mittagsblumengewächse, Aizoaceae)

Gibbaeen sind eine kleine Gruppe hoch sukkulenter Pflanzen, die man in der südlichen Kap-Provinz und in der Region Little Karroo in Südafrika findet. Sie wachsen vor allem dort, wo der Boden quarzhaltig ist. Und sie schätzen eine hohe Lichtintensität.

Das wichtigste Merkmal dieser Art ist ein Blattpaar von unterschiedlicher Länge, das beinahe zusammengewachsen ist, außer wenn die Pflanze in Blüte steht bzw. einen neuen Trieb hervorbringt. Wenn man sich die Zähne wegdenkt, hat die Pflanze in der Draufsicht die Form eines Haifischrachens. Mit einigen wenigen Ausnahmen sind alle Gibbaeum-Arten von kurzen Haaren mehr oder weniger bedeckt. Diese dienen den Pflanzen als Schutz gegen die Sonneneinstrahlung und verleihen ihnen einen schönen silbrigen Schimmer. Die meisten Arten wachsen langsam. Dazu gehören zum Beispiel *Gibbaeum pubescens und G. pachypodium*, die jedoch in Kultur größer werden als in der freien Natur. Haarlos sind: *G. petrense, G. comptonii, G. heathii, G. luckhoffii* und *G. gibbosum*. Einige Arten haben längere Blätter, die außerdem kaum miteinander verbunden sind: *G. haagei, G. schwantesii* und *G. velutinum*.

Viele Züchter halten Gibbaeum für blühfaul. Das liegt vor allem daran, dass die Gibbaeum-Arten nur zur ihnen vorbestimmten Zeit blühen und durch kein Mittel dazu zu bewegen sind, früher oder später Blüten anzusetzen. Auf der Nordhalbkugel blühen die meisten zudem in den Wintermonaten, wenn es am wenigsten Tageslicht gibt, was die Dinge nicht einfacher macht. Wenn Sie es also schaffen, Ihr Gibbaeum zum Blühen zu bringen, dürfen Sie stolz sein. Die Blütenfarbe ist meist weiß oder purpur. Außerdem ist noch eine andere Pflanze im Handel, die *G. velutinum* ähnelt, aber orangerot blüht. Hierbei handelt es sich um eine Kreuzung mit einer Glottiphyllum-Art. Vermehrt werden Gibbaeen über Samen oder Setzlinge.

● **Greenovia** (Dickblattgewächse oder Crassulaceae)

Die Greenovien kommen von den Kanarischen Inseln vor der Westküste Afrikas. Die Gattung umfasst nur zwei oder drei Arten, doch sie sind alle gleichermaßen einfach zu ziehen. *Greenovia dodrantalis* ist hier vielleicht als beste Art zu nennen, da sie bereitwillig Schösslinge treibt. *G. aurea* bleibt hingegen Solitärpflanze. Wenn der einzige Kopf dann abgeblüht ist, ist die Pflanze verloren, da sie nach der Blüte abstirbt.

Die stammlosen, blaugrauen Blätter der Greenovia wachsen im Winter. Während der Sommermonate halten sie Ruhezeit. Dann schließt sich die Blattrosette und sieht aus wie eine blaugraue Rosenknospe. Sobald jedoch das kühlere Herbstwetter einsetzt, öffnen sich die „Knospen". Wenn die Greenovia blüht, dann gegen Winterende oder zu Beginn des Frühlings. Wir haben von unserer Greenovia niemals Sämlinge gefunden und schließen daher, dass sie sich nicht selbst befruchten kann.

Kürzlich haben wir drei oder vier Pflanzen in einen Steingarten in geschützter Position gepflanzt. Obwohl es leichten Frost gab, geht es den Pflanzen gut. Der eigentliche Härtetest aber erfolgt erst, wenn Schnee auf der Krone liegt. Wir werden versuchen, die Pflanzen durch Vlies zu schützen.

Im Zimmer gedeihen Greenovien auch noch am Nordfenster. Wichtig ist nur, dass Sie unter keinen Umständen in die Rosette gießen.

Oben: *Greenovia dodrantalis* stammt von den Kanarischen Inseln.

Oben: *Haworthia minima* ist eine sehr schöne Art mit weißen Warzenhöckern auf den Blättern.

● **Haworthia** (Affodilgewächse oder Asphodelaceae)

Die Gattung *Haworthia* umfasst etwa 70 Arten und kommt aus dem südlichen Afrika. In unseren Breitengraden fällt die Wachstumsphase der Pflanze in den Winter. Im Allgemeinen wachsen alle Haworthien sehr langsam. Sie bilden Rosetten, die zu schönen Polstern heranwachsen. Die Blätter sitzen meist rosettenförmig übereinander, sie laufen spitz oder stumpf zu, sind fleischig oder dünn wie Grashalme. Einige haben durchscheinende Oberhautzellen, die man als „Fenster" bezeichnet. Alle wachsen stammlos. Setzen Sie der Komposterde eine Hand voll Kies oder Sand zu, denn die vergrößerten, fleischigen Wurzeln verfaulen gern, wenn das Substrat nicht über einen ausgezeichneten Wasserabzug verfügt. Die Haworthien blühen bereitwillig, obwohl ihre Blüte nicht gerade aufregend ausfällt. Die Blüten sitzen auf einem 10–30 cm hohen Blütenstand und sind meist weißlich

cremefarben mit einem Hauch von Pink. Zwischen den Haworthien-Arten kommt es häufig zu Spontankreuzungen, die sehr schöne Sorten hervorgebracht haben. Im Allgemeinen allerdings schafft die Kreuzung zwischen den Arten nur zusätzliche Verwirrung, was die Artenzugehörigkeit der einzelnen Pflanze angeht.

Haworthia attenuata f. clariperla ist aufgrund

ihrer auffälligen Markierungen eine der schönsten Haworthien überhaupt, die darüber hinaus noch einfach zu ziehen ist. Sie setzt fleißig Seitentriebe an, sodass man neue Pflanzen für Freunde ziehen kann. Die horizontalen weißen Linien auf der Rückseite der dunkelgrünen Blätter sind gewöhnlich klar abgesetzt und gut erkennbar.

Auch *H. minima* ist wunderschön gezeichnet. Ihre dickfleischigen Blätter, auf denen weiße Warzenhöcker sitzen, formen dichte Rosetten. Sie wächst sehr langsam, daher ist es sinnvoll, die Symmetrie der Rosette nicht durch Setzlingsschneiden zu zerstören. Trotzdem sollte man eines der grundständigen Blätter abtrennen und bewurzeln lassen, besteht doch stets die Gefahr, dass die Pflanze blüht und abstirbt.

Die Zuchtform *H. venosa* „Coriacea" ist eine sehr großblättrige Sorte von einer Art, die man früher *H. tesselata* nannte. Diese Gruppe zeigt sehr schöne schachbrettartige Markierungen auf der Blattoberfläche. Die Coriacea ist ohnehin eine der besten Sorten, mit der man eine Sukkulentensammlung begründen kann.

Viele Haworthien haben eine sehr schöne Sternform und sind schön anzusehen. Bei ihnen finden sich die eingangs erwähnten Fenster-Zellen besonders häufig, was ihren Blättern ein durchscheinendes Aussehen verleiht, wenn sie im Saft stehen. In der Ruhephase wirken sie dann eher matt. Sehr schöne sternförmige Haworthien sind: *H. comptoniana*, *H. retusa* mit ihren Varietäten und – vielleicht die beste von allen – *H. emelyae* mit ihren rosigen Tönen. Achten Sie darauf, dass Letztere halbschattig steht.

● **Hoya** (Seidenpflanzengewächse oder Asclepiadaceae)
Der volkstümliche Name der Hoya ist „Wachsblume" oder „Porzellanblume". Die über 90 Arten kommen aus Indonesien und Umgebung,

Oben: Eine der attraktivsten Haworthien ist *H. attenuata f. clariperla* mit ihren weißen Streifen.

wachsen aber auch im Himalaya. Häufig wachsen sie epiphytisch, d. h., sie wachsen auf einer anderen Pflanze, ohne von dieser zu schmarotzen. Viele Hoyas sind Ranker oder Schlinger. Leider ist die Pflanze ein Leckerbissen für die Woll- und Schmierlaus, da sie aus Blüten und Blattachseln viel Nektar verströmt. Einige Arten haben harte Blätter, die nicht abfallen, andere wiederum verlieren ihre (meist dünneren) Blätter, wenn sie zu trocken stehen oder zu viel Sonnenlicht bekommen. Einige können Sie zu jeder nur möglichen Größe heranziehen, die meisten tragen wunderschöne, stark süßlich duftende Blüten.

In der freien Natur stehen Hoyas meist unter größeren Pflanzen bzw. Bäumen und leben folglich im Halbschatten. Aus diesem Grund eignen sie sich gut als Zimmerpflanzen. Am häufigsten findet man heute *Hoya carnosa*, doch diese „Wachsblume" ist eigentlich keine, denn ihre Blütenblätter – die zu zwanzig oder dreißig an jeder Dolde erscheinen – sind keineswegs fleischig-wachsig, sondern stehen wie Porzellan-

krönchen auf ihrer Dolde. Wie bei allen Hoyas ist es auch hier wichtig, dass Sie nach der Blüte den Blütenstand nicht entfernen, denn der Trieb bringt weitere Blüten hervor. *H. carnosa* kommt in vielen verschiedenen Farbvarietäten daher. Es gibt sogar eine Sorte mit deformierten Blättern. Häufig kommen Deformation und Farbenspiel auf den Blättern zugleich bei einer Pflanze vor.

H. bella ist als Zimmerpflanze erhältlich und eignet sich besonders zur Ampelbepflanzung. *H. bella* liebt die pralle Sonne nicht. Diese kleine Hoya hat beinahe glasige Blüten, die aussehen, als seien sie zur Zierde der berühmten gläsernen Pantoffeln aus dem Märchen gewachsen. Außerdem duftet *H. bella* sehr gut.

H. multiflora ist eine weitere populäre Art, die man manchmal auch „Raketenblume" nennt, weil ihre stark zurückgebogenen Petalen die Einzelblüten wirklich wie winzige Raketchen aussehen lässt.

H. cinnamomifolia sieht *H. carnosa* sehr ähnlich – bis auf die Blüte. Die Dolden tragen weniger Blüten, die Petalen sind weit zurückgebogen

Oben: *Huernia primulina*

Oben: *Huernia namaquensis var. hallii*

und die Blütenkrone ist von kräftigem Zimtbraun.

Es darf bezweifelt werden, ob es sich bei der Gattung der Hoyas tatsächlich um Sukkulenten handelt, doch sie sind mit vielen Sukkulenten nahe verwandt, sodass dies ihre Aufnahme in dieses Buch rechtfertigen mag. Wenn man Pflanzen wie *H. carnosa* als sukkulent betrachtet, dann darf auch *Stephanotis floribunda* unter die Sukkulenten eingereiht werden.

Die Hoyas werden gewöhnlich aus Setzlingen vermehrt, lassen sich jedoch auch aus Samen ziehen.

● **Huernia** (Seidenpflanzengewächse oder Asclepiadaceae)
Die Huernien sind unter den Stapelien wahrscheinlich am leichtesten zu kultivieren. Anders als ihre Kolleginnen riechen die Huernien nicht unangenehm. Die meisten Arten sind recht klein, blühen aber reichlich. *Huernia namaquensis var. hallii* hat sehr hübsche, gepunktete Blüten von 2,5 cm Durchmesser. *H. primulina* hat eine sternförmige, gelb leuchtende Blüte und *H. boleana* zeigt einen dickeren Stamm und dicht gesprenkelte, sehr spitze Petalen.

● **Jatropha** (Wolfsmilchgewächse oder Euphorbiaceae)
Diese große Pflanzengruppe ist eng mit den Euphorbien verwandt und findet sich im gesamten Tropengürtel. Im Handel sind viele Arten erhältlich, da sie recht gut aus Samen angezogen werden können. Wie bei den Euphorbien umfasst auch die Gattung Jatropha krautig und strauchig wachsende, immergrüne und blattabwerfende sowie sukkulente Arten. Alle Pflanzenteile enthalten einen milchigen Saft, der die Haut reizen kann. Einige der krautig wachsenden Arten haben behaarte Blätter.

Jatropha podagrica wird in Kontinentaleuropa häufig als Zimmerpflanze gezogen. Sie hat scharlachrote Blüten, männliche und weibliche Blüten wachsen auf derselben Pflanze. *J. cathartica* (syn. *J. berlandierii*) ist die Form, welche die stärkste Sukkulenz aufweist. Der Haupttrieb wächst unterirdisch, daher braucht die Pflanze ein Substrat mit gutem Drainagevermögen. Lassen Sie beim Gießen Vorsicht walten. Die Pflanze wirft einmal im Jahr sämtliche Blätter ab und blüht sehr schön karminrot.

● **Kalanchoe** (Dickblattgewächse oder Crassulaceae)
Die Kalanchoe umfasst mehr als 200 Arten und ist somit eine der größeren Gattungen. Die Kalanchoen kommen aus Madagaskar sowie aus dem südlichen Afrika und haben sich von dort aus nach Arabien ausgebreitet, dann weiter nach Indien. Seitdem wandern sie stets weiter nach Osten.

Die Kalanchoen sind bei Sammlern ziemlich beliebt, weil sie einfach zu vermehren sind. Die meisten im Handel erhältlichen Arten erleben ihre Wachstumsphase in den Sommermonaten, blühen jedoch häufig im Winter.

Die am häufigsten verkaufte Art ist vermutlich *Kalanchoe blossfeldiana*, die nun wirklich in jedem Blumenladen und Gartencenter zu haben ist. Diese Pflanze zeigt eine unglaubliche Vielfalt an Blütenfarben. Das Spektrum reicht von dunkelrot bis zitronengelb. Die Blätter sind glänzend grün und zeigen einen eingekerbten Rand. *K. blossfeldiana* braucht viel Licht, selbst wenn sie gerade nicht blüht, sonst wird sich ihre Blütenpracht im nächsten Jahr nicht wiederholen.

K. tubiflora, die früher auch als *Bryophyllium tubiflorum* in den Handel kam, ist vermutlich die sich am schnellsten vermehrende Pflanze auf der ganzen Welt. Jedes kleine Blatt dieser aus Madagaskar stammenden Pflanze ist fähig, bis zu acht neue Pflanzen hervorzubringen, die der Elternpflanze bis aufs letzte Gen ähneln. Die Brutpflänzchen entwickeln sich adventiv aus dem Blattsteckling und bilden Luftwurzeln aus. Wenn das Blatt welk wird, fällt das Pflänzchen auf den Boden, wo die Wurzeln dann nach mehr Halt suchen und sich tief in das Substrat bohren. Die einzige Methode, wie Sie diese Pflanze je ganz aus Ihrer Sammlung verbannen können, ist, sie bei Frost draußen zu lassen, sodass sie durchfriert. Es gibt etwa dreißig Arten innerhalb der Gattung, die diese Eigenart aufweisen, doch die meisten von ihnen werden nicht kultiviert. Nur *K. daigremontiana* (dreieckige Blätter) und *K. rauhii* (Blattform zwischen rund und dreieckig liegend) gehören in dieser Gruppe zu den Kulturpflanzen.

K. tomentosa gehört zu den sehr beliebten Sorten, da ihre Blätter mit weißen Härchen bedeckt sind, die an den Spitzen braun sind. Sie bildet mehrere Stämme aus, die bis zu 45, ja 60 cm Höhe heranwachsen, bevor sie im Winter bzw. Frühling blüht. Die Blüten sind nicht weiter auffallend, sondern zeigen sich von eher ausgewaschenem cremigem Braun. Die Schönheit dieser Pflanze liegt in ihren ungewöhnlichen Blättern.

K. beharensis kommt aus dem südlichen Madagaskar und wächst im Alter baumförmig. Die Blätter sind dicht mit kurzen Härchen besetzt, dreieckig und am Rand gezackt. Die ausgewachsene Pflanze kann recht große Blätter bekommen: Sie werden etwa 20 cm breit und 10–30 cm lang. Sie fühlen sich gut an und leiden auch nicht unter dem Berührtwerden. In der vollen Sonne nimmt die Blattoberseite eine bronzefarbene Tönung an. Der Neuaustrieb hingegen ist weißlich grün. Doch sobald die Blätter ausgewachsen sind, nehmen sie ihre „Erwachsenen"-Farbe an.

Von dieser Pflanze sind verschiedene Varietäten erhältlich. Eine davon zeigt eine Belaubung, die dem Eichenblatt sehr ähnelt, eine besonders dunkelblättrige Form wird unter dem Sortennamen „Chocolate" verkauft. Eine Hybridform namens „Fangs" ist ebenfalls recht

Oben: Verschiedene Blattformen und -farben von *Kalanchoe beharensis*

Oben: Die eichblattförmige *Kalanchoe beharensis*

behaart, hat zusätzlich aber noch warzenförmige Auswüchse auf der Blattunterseite. Wenn Sie haarige Pflanzen nicht besonders mögen, dann greifen Sie doch auf die haarlose Form zurück.

Sie können von dieser Pflanze immer wieder Nachwuchs ziehen. Vor allem die Ableger größerer Pflanzen bewurzeln leicht. Ansonsten sollten Sie die Pflanze häufig umtopfen. Die Wintertemperatur ist nicht so wichtig, sollte jedoch 7° Celsius nicht unterschreiten, vielleicht sogar ein wenig höher liegen.

K. rhombopilosa ist eine sehr hübsche Kalanchoe mit grauen, braun gesprenkelten Blättern. Die Blätter haften nicht allzu fest, sodass sie leicht abfallen, wenn man zu rau mit ihr umspringt. Winterliche Kälte verträgt sie nicht. Wenn Sie den Blattfall stoppen wollen, müssen Sie vermehrt gießen.

Einige Kalanchoen geben wunderbare Ampelpflanzen ab. *K. pumila* zum Beispiel kommt aus dem zentralen Madagaskar. Ihre Wachstumsphase fällt in die Wintermonate, die Blütezeit in den Frühling. Mit etwas Timing zeigt sich die Pflanze zur Osterzeit in all ihrer Pracht. Sie ist etwa 15 cm groß und zeigt mehlig bereifte Blätter an mehr oder weniger kriechenden Trieben. Die gezahnten Blätter geben einen wunderschönen farblichen Hintergrund für die pinkfarbenen Blüten ab. Damit sie jedoch zur Blüte gelangen kann, braucht *K. pumila* ein

wenig Wasser auch während der Wintermonate. Eine weitere empfehlenswerte Kalanchoen-Art ist *K. thyrsiflora*. Sie kommt aus den Provinzen Free State, Natal und Transvaal in Südafrika. Auch bei *K. thyrsiflora* liegt die Wachstumsphase in den Wintermonaten, während die Blüte in den Frühling fällt. Diese Kalanchoe verzweigt sich erst im Alter bzw. während der Blütezeit. Sie wird nie größer als 30 cm. Die Blätter erreichen im Gewächshaus einen Durchmesser von 10 cm und sind beinahe rund. Im Querschnitt allerdings zeigen sie sich recht dünn. Der mehlige Belag, der die Blätter bedeckt, leidet unter Berührung. In der freien Natur zeigt *K. thyrsiflora* ihn nur selten, weil der Regen ihn meist abwäscht. Die Blätter sehen dann schnell sonnenverbrannt aus. Die Blüten sind es wert, dass man lange auf sie wartet. Sie sind zwar nur klein, leuchten aber in warmem Hellgelb und duften unglaublich gut nach Maiglöckchen. Besonders gut hält sich der Duft im Wintergarten oder im Gewächshaus. Leider stirbt die Pflanze nach der Blüte ab, sodass Sie vorher Samen abnehmen müssen, um den Weiterbestand sicherzustellen. Manchmal bringt der abgeblühte Kopf Seitentriebe hervor. Diese können zum Bewurzeln abgenommen werden. Achten Sie darauf, *K. thyrsiflora* keinesfalls zu stark zu gießen.

● **Lampranthus** (Mittagsblumengewächse, Aizoaceae)
Diese leicht zu kultivierenden Pflanzen verbringen den Sommer gerne im Beet. In frostfreien Gegenden können sie sogar draußen überwintern. Trotzdem sollten Sie vorher Stecklinge abnehmen. So haben Sie, falls der Winter besonders hart werden sollte, Nachwuchs in der Pflanzenkinderstube.

Lampranthus zeigt viele Wuchsformen: aufrecht, niederliegend oder polsterbildend. Der Halbstrauch bringt zahlreiche Blätter hervor. Die Blütenfarbe ist variabel und reicht von Weiß über Pink, Rot, Purpur, Rosarot, Orange bis hin zu Gelb. *Lampranthus aureus* beispielsweise hat goldfarbene Blätter. Kommt dazu noch das

Oben: *Lithops aucampiae,* ein gelb blühender „lebender Stein"

leuchtende Orange der Blüten, ist der Anblick überwältigend. Alle Arten blühen reichlich, wenn man einige Grundregeln einhält. Dazu gehören ein heißer, trockener Standort im Sommer und wenig Nässe im Winter.

Sie können aus Samen oder Setzlingen vermehrt werden.

● **Lithops** (Mittagsblumengewächse, Aizoaceae)
Diese Pflanzen, die heute unter der Bezeichnung „Lebende Steine" im Handel sind, haben ihre Liebhaber längst gefunden. Sie kommen aus Südafrika, aus trockenen Regionen mit hoher Lichtintensität. Für Amateure kann es daher schwierig sein, für die richtigen Wachstumsbedingungen zu sorgen. Für den Sammler allerdings ist dies kein Problem.

Jeder Kopf dieser stammlosen, hoch sukkulenten Pflanzen besteht aus einem einzigen Paar dickfleischiger Blätter. Man stellt sich ihre Entwicklung so vor: Die Oberseite eines einstmals flachen, dünnen Blattes wird zur Seite gedrückt, sodass sie sich dem gegenüberliegenden Blatt zuwendet, weil die Unterseite des flachen Blatts so viele Wasser speichernde Zellen aufbaut, dass sie stark aufgebläht wird. Durch durchscheinende Fensterzellen kommt Licht in die Pflanze. So wird weiterhin Fotosynthese ermöglicht – an der Innenseite der Blätter.

Jeder Kopf bringt pro Jahr ein neues Blattpaar hervor. Eine Pflanze kann mehrere Köpfe haben. Das neue Blattpaar wächst aus der Mitte des alten Kopfes bzw. aus dem Spalt zwischen den beiden verdickten Blättern. Gelegentlich kommt es zur Ausbildung von zwei Blattpaaren. Während der Wachstumsphase, in der die neuen Köpfe ausgebildet werden, braucht die Pflanze Ruhe und darf nicht gegossen werden. Die neuen Blätter zehren dann die alten aus, die dann papierdünn und ledrig werden. Erst zu diesem Zeitpunkt dürfen Sie das Gießen wieder aufnehmen. Von entscheidender Bedeutung ist, dass Lithops niemals einer wie auch immer gearteten Form von Staunässe ausgesetzt werden. Gießen Sie überschüssiges Wasser immer sofort ab.

Lithops stehen am liebsten in lehmreichem Kompost, dem man etwas Sand oder Kies zufügen sollte. Die gute Drainage ist für sie absolut überlebenswichtig. Umgetopft werden sollten die „Lebenden Steine" in unseren Breiten zu Beginn ihrer Wachstumsphase, also im späten Frühjahr oder im Frühsommer. Setzen Sie sie nicht in reichhaltige Komposterde, die sie nicht besonders mögen. Wenn Sie die Pflanzen alle drei bis vier Jahre umsetzen, müssen Sie nicht düngen. Hoch sukkulente Pflanzen werden häufig überdüngt, was die Epidermis schwächt. Sie wird immer dünner, bis die Köpfe schließlich anfangen zu faulen. Ist dies erst geschehen, können Sie kaum noch etwas dagegen tun. Wenn Ihre Pflanze mehrere Köpfe hat, lässt sich vielleicht der eine oder andere retten, doch meist hat die Fäulnis alle Köpfe gleichermaßen angegriffen.

Lithops sollten im Gewächshaus gezogen werden, eignen sich aber auch zur Kultur als Zimmerpflanze. Wir haben zumindest schon einige recht schöne „Lebende Steine" gesehen.

Oben: *Lithops bella*, eine weiß blühende Variante der „Lebenden Steine", die im Herbst blüht

Der Besitzer hatte einen kleinen, überdachten Balkon und konnte die Pflanzen sommers nach draußen stellen, ohne Nässe und Schnecken fürchten zu müssen. Bevor es zu kalt wurde, holte er die Pflanzen in die Wohnung. Dort stellte er sie auf einem Tisch am Fenster auf. Lithops auf dem Fensterbrett zu ziehen ist im Allgemeinen nicht leicht, denn die meisten Häuser haben heute doppelt verglaste Fensterscheiben, die die von außen einfallende Lichtmenge erheblich reduzieren. Ein einfach verglastes Süd- oder Westfenster wäre durchaus geeignet.

Eins mögen *Lithops* überhaupt nicht: heiße und feuchte Witterung. Sie brauchen kühle Nächte, um schön blühen zu können. Die kühle Witterung intensiviert auch die Blattfarbe. In der freien Natur nehmen *Lithops* es sogar mit Frost und Schnee auf, was man allerdings in der Kultur nicht unbedingt nachahmen sollte. Besonders warm muss die Pflanze auch im Winter nicht stehen: 5° Celsius genügen. Während der Wachstumsphase im späten Frühjahr, im Sommer und Herbst ist es wichtig, dass sie viel frische Luft erhalten. Stagnierende und zu heiße Luft ist für „Lebende Steine" tödlich. Die Körper heizen sich zu stark auf und am Ende bleiben Sie mit dem breiigen Rest der Pflanze zurück. Um Ihr Gewächshaus ausreichend zu belüften, müssen Sie Ventilatoren installieren. Am besten informieren Sie sich diesbezüglich in Ihrem Gartencenter. Jedenfalls ist es besser, den Luftzug zu verbessern, als die Glasflächen abzuschatten, um den *Lithops* Kühlung zu verschaffen.

Es ist geradezu tragisch, dass die „Lebenden Steine" im Gartencenter meist in einer finsteren Ecke präsentiert werden. Dies führt dazu, dass der Körper der Pflanze zu weich wird, was sie für alle möglichen Fäulniskeime, Pilze und Schädlinge anfällig macht. Achten Sie darauf, ob man diesen kleinen Juwelen einen sonnigen Standort gegeben hat, bevor Sie zum Kauf schreiten.

Lithops blühen weiß, gelb oder gelb mit weißer Mitte. Die Blüten erscheinen im Herbst. Einige Formen von *Lithops pseudotruncatella* blühen in warmen Regionen mitunter schon im

Oben: *Nolina recurvata*, die Pferdeschwanzpalme, ist in frostfreien Gegenden eine wunderschöne Terrassenpflanze.

Frühsommer, doch auch hier lassen die weiß blühenden Formen sich Zeit.

Empfehlenswerte Arten mit gelber Blüte sind: *L. pseudotruncatella*, *L. aucampiae*, *L. hookerii* und *L. lesliei*. Zu den schönsten weiß blühenden Arten gehören: *L. salicola* und *L. karasmontana*. Einige Zuchtformen haben andere Blattfarben als üblich. *L. optica* zum Beispiel zeigt eine graugrüne Färbung, *L. optica var. rubra* hat rubinrote Blätter. Leider macht dies die Zuchtformen auch etwas pflegeaufwändiger als die natürlich vorkommenden Arten. Daher ist es für den Anfänger sicher besser, sich zunächst

einmal auf die gewöhnlichen Formen zu konzentrieren.

Lithops lassen sich sehr leicht aus Samen ziehen. Dabei gilt es zu beachten, dass die „Lebenden Steine" wie alle Mittagsblumengewächse Lichtkeimer sind, also nicht bedeckt und an einen dunklen Ort gestellt werden dürfen, wie es bei der Anzucht anderer Pflanzen üblich ist. Viele Arten aus dieser Pflanzenfamilie haben eine geradezu geniale Art der Samenverbreitung entwickelt: Die Samenkapseln entwickeln sich nach der Blüte und werden dann steinhart. Während der Regenzeit nehmen sie

Feuchtigkeit auf und öffnen sich, sodass sie aussehen wie eine Blüte. Der Samen wird vom Regen ausgewaschen und fällt so auf den Boden. Hält der Regen allerdings nicht an, verschließt die Samenkapsel sich wieder, bis es genug Regen gibt, um die Samen auch zum Keimen zu bringen. Botanisch nennt man dies „Nasskeimer".

● **Nolina** (Nolinaceae)
Diese Gattung sukkulenter Pflanzen kommt in erster Linie in Mexiko vor. Am häufigsten findet man in den Gärtnereien *Nolina recurvata*, die Pferdeschwanzpalme. Sie geben gute Zimmerpflanzen ab, können in den Sommermonaten auch draußen stehen. Bei den im Gartencenter verkauften Pflanzen wurde meist der Haupttrieb gekappt, um die Pflanze zur Bildung von Schösslingen anzuregen, was in der freien Natur erst im hohen Alter bzw. nach der Blüte erfolgt. *Nolina recurvata* muss recht groß werden, bevor sie zum ersten Mal blüht: 1–1,2 m. Wie die Agaven sollte die Pflanze regelmäßig umgetopft werden, wenn Sie ein wirklich stattliches Exemplar ziehen wollen.

● **Pachyphytum** (Dickblattgewächse, Crassulaceae)
Der so genannte „Mondstein" ist eng mit den Echeverien verwandt und kommt nur in Mexiko vor. Es gibt etwa zwölf Arten, jede bildet Polsterrosetten aus. Sie lassen sich problemlos mit Echeverien, aber auch mit Sedum-Arten kreuzen.

Die Rosettenblätter sind eng gestellt, sodass sie ihre Form mitunter dem Nebenblatt einprägen. Dies kommt sonst nur noch bei den Agaven vor. Die Blätter der meisten Arten weisen eine schöne blaugrüne Färbung auf, einige sind leicht bemehlt.

Die Pflanzen blühen bereitwillig und tragen lange, gebogene Blütenstände, an denen glockenförmige Blüten in Rot oder Altrosa sitzen. Große Hochblätter umschließen jede Einzelblüte. Gewöhnlich produzieren die Pflanzen viel Nektar, der mitunter sogar auf die rundum stehenden Pflanzen tropft.

Oben: *Pachyphythen* sind ausgesprochen attraktive Rosettenpflanzen, die leicht zu kultivieren sind.

Am häufigsten im Handel zu finden ist zweifelsohne *Pachyphytum hookerii* mit kleinen Blättern und kompaktem Wuchs. Auch *P. glutinicaule* mit ihrem klebrigen Stamm und *P. oviferum*, volkstümlich auch „Zuckermandelpflanze" genannt, begegnen wir häufig. Sie können sich zu kräftigen Pflanzen von gut 60 cm Durchmesser entwickeln, doch dies erfordert viel Sorgfalt, da die Blätter etwas empfindlich sind und Umtopfen ohne Beschädigung keine leichte Aufgabe darstellt.

P. viride ist eine sehr robuste, grünblättrige Art mit grünlich weißen Blüten, die in einen roten Schlund übergehen. Sie wächst nicht besonders schnell, wird aber etwas höher als die meisten Vertreter ihrer Gattung, etwa 30 cm.

● **Pachypodium** (Hundsgiftgewächse, Apocynaceae)
Diese Gattung umfasst etwa 13 Arten, die durchweg aus Südafrika und Madagaskar kommen.

Alle brauchen ein Substrat, das guten Wasserabzug gewährleistet, und dürfen keinesfalls zu stark gegossen werden. Alle Arten besitzen paarig stehende Dornen.

Die am leichtesten zu ziehenden Arten sind *Pachypodium lamerei* mit grün glänzenden Blättern, die bei uns unter dem Namen „Madagaskar-Palme" im Handel ist, und *P. geayi*, deren Blätter dunkler und schmaler sind.

Beide eignen sich sehr gut für Zimmerkultur. In der freien Natur können sie eine Höhe von gut 8 m erreichen, im Gewächshaus wird man sich wohl mit etwa 2,5 m begnügen müssen. *P. lamerei* blüht bei einer Höhe von circa 2 m und bringt dann in der Krone weiße, duftende Blüten hervor.

Diesen beiden ähnlich ist *P. namaquanum*, eine Art, die aus Namibia kommt und in ihrer Heimat auch als „Halber Mensch" bekannt ist, weil sie dem Oberkörper eines Menschen ähnelt. Sie wächst langsamer und braucht im Gewächshaus oder Wintergarten einen wirklich sonnigen Standort.

Andere Arten, die jedoch mehr Pflege brauchen, sind: *P. baronii* mit hellroten Blüten, *P. baronii* „Windsor" mit strahlend roten Blüten, *P. densiflorum* mit goldgelben Blüten, *P. rosulatum* mit hellgelben Blüten und *P. brevicaule* mit chromgelber Blüte.

All diese Pflanzen werden aus Samen vermehrt und dürfen – auch während der Winterruhe – keinesfalls unter 15° Celsius stehen. Während der Wachstumszeit im Sommer brauchen sie reichlich Wasser. Staunässe ist aber in jedem Fall, besonders während der Ruhephase, zu vermeiden.

● **Pedilanthus** (Wolfsmilchgewächse, Euphorbiaceae)

Die letzte Gattung in der großen Familie der Wolfsmilchgewächse ist gelegentlich ebenfalls im Gartencenter erhältlich. Normalerweise findet man sie eher bei den normalen Zimmerpflanzen und nicht bei den Kakteen und Sukkulenten, was als bester Hinweis auf die Pflegeanforderungen der Pedilanthus-Arten gelten kann.

Pedilanthus-Sträucher kommen aus Nord- bzw. Südamerika. Die meisten Arten gibt es in Mexiko, wobei niemand letztlich zu sagen vermag, wie viele Pedilanthus-Arten einfach noch nicht entdeckt und benannt worden sind.

Pedilanthus tithymaloides findet sich am häufigsten im Handel und wird aufgrund seiner länglichen, geschnäbelten Blüten „Schuhblüte" genannt. Pedilanthus verzweigt sich problemlos, manchmal wachsen die Triebe sogar zickzackförmig. Auf etwa halber Höhe setzen dann die hellgrün leuchtenden Blätter an. Wenn *P. tithymaloides* blüht – und er scheint dies nur sehr zögerlich zu tun –, dann zeigt die Pflanze Blüten in kräftigem Rot.

P. macrocarpus zeigt gegliederte Triebe, doch die Einzelglieder sitzen in gerader Linie, sodass sie mühelos eine Höhe von bis zu 2 m erreichen. Die Pflanze muss regelmäßig umgetopft werden, wenn sie gut wachsen und blühen soll. Die Blüten sind rot und sehen aus wie kleine Vögelchen. Die Stängel von *P. macrocarpus* haben eine graugrüne Farbe. Die Blätter sind sehr klein und sitzen weit auseinander. Von dieser Pflanze gibt es häufig monströse Formen. Möglicherweise liegt das daran, dass sie sich künstlich zu schnellerem Wachstum anregen lässt. Die monströse Form wird noch raumgreifender, wenn die Pflanze Platz für die Wurzeln hat. Dann allerdings gibt es weniger Blüten.

Pedilanthus-Arten werden aus Samen (eine Kapsel enthält drei Samen) oder aus Setzlingen gezogen, obwohl die Setzlingsvermehrung lange dauert – ein bis zwei Jahre. Binden Sie mehrere dünne Triebe mit Bast aneinander und pflanzen Sie das gesamte Bündel. So haben Sie größere Chancen, dass einer der Triebe bewurzelt.

● **Piaranthus** (Seidenpflanzengewächse, Asclepiadaceae)

Piaranthus-Arten wachsen ähnlich wie die Duvalien. Sie sind ebenso zu kultivieren, blühen aber in helleren Farben. Sie besitzen aufregende gepunktete oder gestreifte Blüten, häufig in Signalfarben. Leider riechen sie recht streng.

● **Pleiospilos** (Mittagsblumengewächse, Aizoaceae)

Diese kompakten, steinähnlichen und hoch sukkulenten Pflanzen kommen aus den Tafelbergen von Little bzw. Great Karroo sowie aus der Kap-Provinz Südafrikas. Sie sind von blaugrauer Farbe. Die Blätter sind dunkel gesprenkelt. In voller Sonne zeigen sie eine dunkelrote Farbe, die sie sonnenverbrannt wirken lässt. Sie sind leicht zu kultivieren und stellen keine großen Pflegeansprüche. Bei einigen Arten erreicht das Blattpaar gemeinsam die erstaunliche Länge von 18–20 cm, obwohl die Blätter dann nicht besonders breit werden.

In der freien Natur sind die Pflanzen äußerst erfolgreich in der Verbreitung, weil sie sich ihrer Umwelt vollkommen anpassen können. Man kann sie von den Granitsteinen ihrer natürlichen Umgebung meist kaum unterscheiden.

Vermutlich sahen die Pflanzen vor hunderten von Jahren noch völlig anders aus, doch da am Ende nur jene Exemplare überlebten, die sich der steinernen Umwelt am besten anglichen, und ihr Erbgut weitergaben, veränderte sich das Aussehen der ganzen Gattung.

Den kompaktesten Wuchs zeigen *Pleiospilos bolusii*, *P. simulans* und *P. nelii*. Sie haben ein Blattpaar, das – wie bei den „Lebenden Steinen" – Jahr für Jahr ein neues Blattpaar hervorbringt, wobei das alte Paar aufgesogen wird. Für eine gewisse Zeit kann die Pflanze also zwei Blattpaare zeigen, die rechtwinklig aufeinander sitzen. *P. compactus* weist bis zu vier Blattpaare auf, die jedoch weniger stämmig wirken und länger sind.

In unseren Breitengraden erleben Pleiospilos-Arten ihre Wachstumsphase in der zweiten Jahreshälfte. Man beginnt also Mitte des Sommers zu gießen, bis die alten Blätter ledrig vertrocknet sind. Später erscheinen die Blütenknospen, von einer bis fünf an der Zahl. Sie entstehen aus dem jüngsten Blattpaar. Die älteste

Oben: *Pleiospilos nelii* wächst auf den Granitfelsen im südlichen Afrika.

Oben: *Sedum lucidum* ist in verschiedenen Blattfarben zu finden, die von grün über rot zu zweifarbig reichen.

Knospe sitzt in der Mitte, die anderen ordnen sich seitlich an. Die Blüten sind vergleichsweise groß und werden mit jedem Tag größer. Sie zeigen eine goldgelbe Farbe mit orangefarbenen Tönen an der Außenseite der Petalen. Beim Verblühen werden die Blütenblätter zartrot und legen sich über die Pflanze, was Sie verhindern sollten, indem Sie sie abzupfen. Die Blüte setzt sich mitunter bis in den Herbst hinein fort. Danach treibt die Pflanze aus derselben Stelle, an der sie geblüht hat, ein neues Blattpaar aus. Es sollte also mindestens ein neuer Kopf entstehen. Waren die Bedingungen in der vorangehenden Wachstumsphase ideal, können es sogar zwei werden. Die Pflanze nimmt an Umfang zu.

Eine Art, *P. nelii*, blüht gewöhnlich erst nach Weihnachten, manchmal sogar erst im Spätwinter. Das hängt vom Wetter ab. Die Blüten kommen aus den neuen Köpfen. *P. nelii* produziert also den neuen Körper noch vor der Blüte. Diese Art besitzt stärker gerundete Blätter als ihre

Kollegen. Sie blüht lachsfarben bis orange. Da die Blüte so spät erscheint, besteht die Gefahr, dass diese sich nicht voll entwickelt. Gewöhnlich wird *P. nelii* aus Samen gezogen, doch auch Setzlinge bewurzeln, wenn nötig, gut.

● **Sansevieria** (Drachenbaumgewächse, Dracaenaceae)
Diese umfangreiche Gattung, die sich in Afrika, Madagaskar, Indien und Indonesien findet, hat einen Vertreter, der in tausenden von Haushalten in aller Welt anzutreffen ist. Seine Besitzer wissen vielleicht nicht einmal, dass es sich dabei um eine Sukkulente handelt: den Bogenhanf oder *Sansevieria trifasciata*. Er wächst sogar aus einem 40-cm-Topf schnell heraus und muss daher regelmäßig geteilt werden. Der Bogenhanf kennt viele verschiedene Zuchtformen. Die langweiligste ist wohl die mit den einfachen dunkelgrünen Blättern, obwohl auch sie aufgrund ihres symmetrischen Wuchses

einen gewissen Reiz besitzt. Interessanter sind allerdings die farbigen Formen: Manche haben einen gelben Rand- bzw. Mittelstreifen. Die Blätter sind horizontal gebändert. Manchmal blüht der Bogenhanf, obwohl die Blütenstände nicht sehr groß sind. Die Blüten öffnen sich am Abend und duften stark nach Hyazinthen. Häufig begegnet uns auch *S. trifasciata* „Golden Hahnii", die kürzere Blätter besitzt und langsamer wächst.

Einige Sansevieria-Arten wandern mit ihren Schösslingen regelrecht über den Boden. Sie bringen Luftwurzeln hervor, an denen Brutpflanzen sitzen. Diese verwurzeln sich dann in geringem Abstand von der Elternpflanze in der Erde. Andere Arten wie *S. cylindrica* wachsen sehr langsam. *S. grandis* ist vermutlich die größte aller Sansevierien-Arten. Ihr Blütenstand erreicht bis zu 1,2 m Länge. *S. aethiopica* ist eine kleine Art, die sich in Kultur ausgezeichnet macht. Auch sie hat einen langen Blütenstand und intensiv duftende Blüten. Alles in allem ist die Gattung sehr genügsam und wird mit den meisten Umweltbedingungen spielend fertig.

● **Sedum** (Dickblattgewächse, Crassulaceae)

Sedum-Arten gibt es unzählige. Sie kommen auf der ganzen Welt vor. Man nennt sie auch „Fetthenne". Die bei uns bekannteste ist vermutlich der Mauerpfeffer, *Sedum album*. Die über 400 Arten kommen aus Japan, China, Sibirien, Nordamerika, Mexiko, Peru, Marokko, Europa und der Mongolei. Die Gattung umfasst Steingartengewächse ebenso wie staudig wachsende Arten. Manche eignen sich als Ampelpflanzen, viele geben gute Zimmerpflanzen ab.

Eine der winterhärtesten Arten für den Steingarten ist *S. kamtschaticum*. Die Art blüht goldgelb. Es gibt verschiedene Varietäten in der Blattfarbe. *S. spathulifolium* bildet kleine Rosetten weiß bemehlter Blätter. Geht der mehlige Überzug im Alter ab, kommt ein wunderschöner Purpurton zum Vorschein. *S. populifolium* stirbt im Winter ab. *S. spurium* gehört zu den am weitesten verbreiteten Arten mit schönen pinkfarbenen Blüten. *S. rosea* blüht –

anders als der Name („Rosenwurz") vermuten lässt – goldgelb. Die oberen Pflanzenteile ziehen sich im Winter ein. Übrig bleibt der winterharte Wurzelstock.

S. spectabile mit ihren rosafarbenen Blütenschirmen ist für jeden Gartenbesitzer ein Muss. Auch biologisch gesehen stellt *S. spectabile* eine besonders wertvolle Pflanze dar, blüht sie doch im Spätsommer, wodurch sie Bienen und Schmetterlingen zu einer Zeit Nahrung bietet, wenn andere Blüten schon längst verwelkt sind. Die schöne Sorte „Matrona" hat weniger spektakuläre Blütenschirme, dafür eine schöne purpurrote Blattfärbung. *S. telephium*, vor allem die Sorte „Herbstfreude", ist etwas weniger wüchsig. Häufig rechnet man die gärtnerisch wertvollen Arten nicht zu den Sukkulenten.

Doch es gibt auch eine größere Anzahl von Arten, die sich als Ampelpflanzen eignen, die winters zwar im Gewächshaus bleiben müssen, den Sommer aber durchaus auf der Terrasse verbringen können. Zu ihnen gehört *S. morganianum*, volkstümlich „Eselschwanz-Fetthenne". Die Art entwickelt dichte Massen von hängenden Trieben von bis zu 30 cm Länge. Gutes Licht ist wichtig, sonst fallen die wachsig bereiften Blätter noch leichter ab als üblich, denn dies ist der einzige Mangel der Gattung. Die Blätter lassen sich zu leicht vom Stamm trennen.

In der freien Natur bewurzeln die abgefallenen Blätter sofort und die Pflanze sorgt so für ihren Fortbestand. Doch an der Ursprungspflanze bleibt dann häufig nur der nackte Haupttrieb übrig. Am Ende der herabhängenden Triebe erscheinen die leuchtend roten Blüten. Eine sehr ähnliche, aber weniger verbreitete Art ist.

S. burrito, die kleinere, stärker gerundete Blätter hat, die allerdings fester sitzen als bei *S. morganianum*.

S. sieboldii ist vermutlich die am häufigsten verkaufte Sedum-Art weltweit. Sie ist extrem anpassungsfähig und die Blattfarbe verstärkt sich in kräftigem Sonnenlicht. Die Triebe erreichen bis zu 30 cm Höhe, ob die Pflanze nun im Garten oder im Gewächshaus steht. Die Blätter sind klein, flach und stark gerundet mit einer schönen graugrünen Farbe. Je nachdem, wie viel direktes Licht S. sieboldii erhält, zeigen die Blätter rote Markierungen. Im Garten entwickelt die Pflanze dickere, gedrungenere Triebe. Die Blüten sind rosafarben und erscheinen im Herbst. Ebenso weit verbreitet ist die Zuchtform „Mediovariegatum", die eine schöne Blattzeichnung zeigt.

S. treleasei ist eine beliebte Sukkulente aus Mexiko. Die aufrechten, nicht verzweigten Triebe erreichen eine Höhe von beinahe 60 cm. Wenn sie also nicht genug Licht haben, besteht die Gefahr, dass sie umkippen oder brechen. Die gewöhnliche Art zeigt blaugraue Blätter, doch es gibt auch eine weiß bemehlte Form. Die Blüten stehen doldenartig auf einem verlängerten Blütenstand.

S. lucidum ist eine in Kultur weit verbreitete Pflanze, die manchmal auch unter dem Namen S. x rubrotinctum verkauft wird. Beide Arten sind sich sehr ähnlich, doch S. lucidum hat kleinere Blätter und wird bei weitem nicht so groß. Von den schöneren Sedum-Arten ist zweifellos S. suaveolens erwähnenswert. In der Erscheinungsform ähnelt sie Echeveria subrigida oder einer der größeren Dudleyen. Tatsächlich wird sie, wenn sie keine Blüten trägt, häufig mit Ersterer verwechselt. Die Pflanze wächst stammlos, meist als Solitär. Im Alter bildet sie kleine Gruppen, wobei die Köpfe etwa 23 cm Durchmesser erreichen müssen, bevor sie Ableger bilden. Die Blätter sind blaugrün. Die Blütenstände setzen tief an und sind zu Beginn von den Seitentrieben nicht zu unterscheiden. Die Blüten sind weiß und tragen dunkelrote Staubbeutel.

S. hintonii wächst und blüht vorzugsweise im Winter. Es handelt sich um eine kleinwüchsige Pflanze mit blautonigen Blättern, die eine dichte, weiße Behaarung zeigen. Nach der Blüte stirbt die Pflanze ab. Da die Wachstumsphase der Pflanze im Herbst bzw. Winter liegt, ist es wichtig, sie während der dunklen Monate nicht zu gießen. Achten Sie darauf, dass keinesfalls Wasser auf die Blätter gerät, da dies zum Absterben führt. Pflanzen, die so empfindlich auf übermäßiges Gießen reagieren, sollte man am besten in Tontöpfen ziehen, da die Erde so leichter wieder abtrocknet.

S. greggii ist eine sehr kleine Sorte, die sich ebenfalls großer Beliebtheit erfreut. Leider wird sie in den Gartencentern häufig ohne klare Bezeichnung angeboten. Die alte Pflanze stirbt nach der Blüte in der Sommermitte ab. Die neuen Triebe in zartem Grün bilden sich an der Basis des Blütenstandes. Diese neuen Köpfe zeigen sich häufig auch am alten Blütenstand entlang. Nehmen Sie sie ab, um eine neue Pflanze heranzuziehen.

S. craigii mit ihren bläulich-rosafarbenen Blättern findet sich in letzter Zeit öfter im Handel. Die Art gibt eine großartige Ampelpflanze ab, vor allem, wenn sie im Gewächshaus gezogen wird. Auch sie blüht in strahlendem Weiß. S. furfuraceum ist eine bei Sammlern sehr beliebte Pflanze. Sie hat kleine, dunkelgrüne Blätter, die im reifen Stadium ins Rötliche ausbleichen. Die Art blüht weiß und kann leicht aus Stecklingen vermehrt werden.

S. palmerii sollte auf jeden Fall im Steingarten ausprobiert werden. Die dünnen, blauen, wachsig bereiften Blätter sind rund und wachsen in lockerer Rosette. Die schönen gelben Blüten sitzen auf einem gebogenen Blütenstand am Ende des Triebes.

Einige Sedum-Arten erreichen solche Ausmaße, dass man sie als Baum-Sedum bezeichnet. Zu ihnen gehört S. frutescens, die bis zu 90 cm Höhe erreicht. Diese Sedum-Art zeigt einen veritablen Stamm mit einer papierartigen Rinde, die sich immer abzuschälen scheint. Die bräunliche Rinde ist dick genug, um mit einem Kugelschreiber beschrieben zu werden, sollte Sie das reizen. Die jungen Triebe sind allerdings ziemlich brüchig. Jede plötzliche Bewegung schadet ihnen. Im Alter allerdings härten sie aus. Abgebrochene Stücke bewurzeln übrigens leicht wieder. Doch bis die Jungpflanze dann das charakteristische baumähnliche Aussehen erreicht, muss noch viel Zeit vergehen.

Viele kulturwürdige Arten wurden hier zugunsten der vorgestellten übergangen.

Oben: *Sempervivum ciliosum var. borisii* mit schöner Behaarung

Sehen Sie sich in Ihrem Gartencenter um. Alle Sedum-Arten sind einen Versuch wert. Spezielle Versender haben vielleicht sogar Sorten vorrätig, die noch attraktiver sind.

● **Sempervivum** (Dickblattgewächse, Crassulaceae)

Diese winterharten Sukkulenten kommen aus den gebirgigen Regionen Nordafrikas und Europas und stellen die ideale Bepflanzung für den Steingarten dar. Im Topf brauchen sie etwas mehr Pflege, aber das sollte Sie nicht davon abhalten, die „Hauswurz", wie die Pflanze in Deutschland heißt, zu kultivieren.

Alle Sempervivum-Arten brauchen ein Substrat mit guter Wasserabzugsfähigkeit. Am besten ist nicht zu reichhaltige Komposterde, die mit Kies vermischt wird. Die Erdoberfläche sollten Sie mit Kies bedecken. So verhindern Sie,

dass die Blätter auf dem feuchten Erdreich aufliegen. Schnecken lieben diese saftigen Pflanzen, konzentrieren sich dabei auch meist auf die langsam wachsenden, selteneren Arten.

Bei allen Sempervivum-Arten stirbt der einzelne Kopf nach der Blüte ab. Normalerweise aber hat die Pflanze lange vor der Blüte zahlreiche Schösslinge hervorgebracht, aus denen sich mühelos Nachwuchs ziehen lässt. Sollte dies ausnahmsweise nicht der Fall sein, dann stellt die Blüte das Ende der Pflanze dar. Wenn Sie mehrere Sempervivum-Arten in Ihrer Sammlung haben und zwei der Pflanzen zur selben Zeit blühen, ist die Gefahr groß, dass es zu spontanen Kreuzungen kommt. Daher gibt es unzählige Sempervivum-Sorten – ein wahres Paradies für Sammler. Da sie sich problemlos aus Schösslingen vermehren lassen und schnell bewurzeln, ist es weiter nicht verwunderlich, dass die

Sukkulenten von A bis Z 131

zuerst entdeckten Arten mittlerweile überall Verbreitung gefunden haben. Mit den Sempervivum-Arten lassen sich auch hervorragend Dächer begrünen. Ein einfaches Garagendach vermag eine ganze Sammlung dieser schönen Sukkulenten zu beherbergen. Häufig kommen sie auf Dächern sogar natürlich vor. Mit ihren feinen Haarwurzeln kann sich die Hauswurz nämlich überall verankern und wächst – beinahe wie Moos – auch auf Ziegeldächern.

Der Durchmesser der Sempervivum-Rosetten reicht von 5 mm bis zu 15 cm. Die Blattfarben variieren von hellem über tiefes Grün und bläuliche Töne bis hin zu purpurfarbenem Mahagonirot. Die Blütenfarbe ist Weiß, Gelb, Rosa oder Rot. Die bekannteste Art ist vermutlich *Sempervivum arachnoideum*, die

„Spinnweb-Hauswurz", die sehr schöne pinkfarbene Blüten zeigt. Ihren Namen hat sie von den langen, weißen Fäden, die sich wie ein Spinnennetz über ihre Blattspitzen legen. Die Größe der Rosetten ist je nach Sorte ganz unterschiedlich, normalerweise aber erreichen sie nicht mehr als 2,5 cm Durchmesser. Einige Varietäten zeigen schöne Blattfarben, die sich im Hochsommer röten.

Eine weitere ansprechende Hauswurz-Art ist *S. ciliosum var. borisii*. Sie ähnelt *S. arachnoideum*, hat aber größere Rosetten mit einem Durchmesser von bis zu 6,5 cm. Diese Art darf während der Wintermonate nicht nass stehen. Wenn man sie nicht trocken hält, saugt sie sich zu voll und bildet keine richtigen Rosetten mehr.

Oben: *Senecio nyikensis* ist eine der schönsten Senecio-Arten. Hier eine ihrer eindrucksvollen Blüten.

Zum Überwintern braucht sie zwar kein warmes Gewächshaus, auf jeden Fall aber Schutz vor der winterlichen Nässe, die in den meisten Regionen Europas vorherrscht. Am besten setzen Sie die Art in eine Tonschale, in der das Substrat gut abtrocknen kann.

Es gibt etwa 40 Sempervivum-Arten, aber unzählige Hybridsorten, wobei auch andere Arten fälschlicherweise zu *Sempervivum* gezählt werden, zum Beispiel *Jovibarba*, *Rosularia* und *Sempervivella*.

● **Senecio** (Korbblütler, Asteraceae)
Diese Senecio-Arten sind eng mit dem Gemeinen Kreuzkraut verwandt. Die Blütenstände bestehen aus zahlreichen kleinen Blüten, die auf einem Blütenboden aufsitzen. Sie haben keine Petalen, sondern nur Staubgefäße. Die Verbreitung des Samens erfolgt bei allen Arten wie beim Gemeinen Kreuzkraut: Der Wind trägt den Samen fort, damit er an einem Ort keimt, wo er der Mutterpflanze nicht zur Konkurrenz wird.

Die Gattung *Senecio*, volkstümlich auch „Greiskraut" genannt, umfasst mehr als 1 000 Arten, doch nur etwa 100 werden für die Kultur genutzt. Die meisten stammen aus Zentral- bzw. Südafrika, aus Madagaskar, Arabien und Mexiko sowie von den Kanarischen Inseln. Doch Senecio-Arten kommen auch in anderen Teilen der Welt vor. Die meisten sind leicht zu kultivieren, daher werden sie von Einsteigern bevorzugt. Die aus Madagaskar stammenden Sorten brauchen im Winter mehr Wärme als ihre Artgenossen.

Am häufigsten findet sich wohl *Senecio articulatus*, das „Kerzenkraut", das gegliederte Triebe zeigt. Es ist vollkommen anspruchslos und wächst noch unter den unmöglichsten Bedingungen. Erhält die Pflanze allerdings zu viel Nährstoffe und Wasser, wird sie leicht zu langgliedrig, da sie in der freien Natur zu den Kletterpflanzen gehört.

Der Neuaustrieb hat blaugrüne, fleischige Blätter, die während der Ruhephase abgeworfen werden. Die Blüten sind cremefarben und riechen – wie bei den meisten Senecio-Arten – nicht besonders gut.

S. rowleyanus eignet sich hervorragend als Ampelpflanze. Die Art bewurzelt leicht aus jeder Blattpaar-Achsel. In Kultur blüht sie nur selten, wird aber auch nicht um ihrer Blüte willen gezogen, sondern eher wegen ihrer kugelförmigen Blätter.

S. amaniensis kommt aus Tansania und zeigt große, runde, flache Blätter in Weiß. Die Pflanze wird etwa 60 cm hoch, wobei man hier vielleicht eher „lang" schreiben sollte, denn sie wird schnell kopflastig, weil die Triebe ohne Stütze nicht aufrecht stehen können. Auf dem im Spätsommer bzw. Herbst hervorgebrachten Blütenstand erscheinen orangefarbene Blüten, die sehr unangenehm riechen. Die Pflanze lässt sich bequem aus Schösslingen heranziehen, die nach der Blüte in den Blattachseln erscheinen. Nur manchmal treibt die Pflanze auch aus der Basis Ableger.

S. kleinia ist eine Stammsukkulente, die von den Kanarischen Inseln kommt und bis zu 3 m Höhe erreichen kann. Ihre Wachstumsperiode liegt im Winter und im Frühjahr. Sie blüht am Beginn der Wachstumsperiode, während der schopfartige Blätter an den Triebenden erscheinen. Während der blattlosen Zeit sollten Sie *S. kleinia* trocken halten.

Eine weitere stammsukkulente Art ist *S. praecox*. Sie kommt aus Mexiko und erreicht eine ähnliche Höhe wie *S. kleinia*, besitzt aber große Blätter in der Form einer menschlichen Hand. Sie blüht goldgelb, wird aber wegen ihres von manchen Menschen als unangenehm empfundenen Geruches selten kultiviert. In der Kultur zeigt sie sich anfällig für die Rote Spinnmilbe. Man sollte sie regelmäßig dagegen behandeln und ihr, wenn möglich, im Sommer ein Plätzchen draußen gönnen.

S. stapeliiformis ist eine sehr beliebte Art, zum einen, weil sie sich gut vermehren lässt, zum anderen, weil die Triebe höchst attraktive Streifen zeigen. Die Blüten erscheinen in kräftigem Scharlachrot. *S. picticaulis*, die in Kenia, Tansania, Äthiopien und im Sudan vorkommt, hat eine *S. articulatus* ähnliche Wuchsform. Die Triebe sind vielleicht etwas weniger gegliedert als bei dieser Art, dafür erscheint die Blüte in leuchtendem Pink, was der Art zusätzliche Attraktivität verleiht.

Einige Senecio-Arten entwickeln kräftige Wurzeln. Zu ihnen gehören *S. fulgens* und *S. nyikensis*. Beide Arten weisen immergrüne, blaugraue Blätter auf. Die Blütenfarbe ist Scharlachrot. Außerdem gibt es noch eine behaarte Art, *S. haworthii*, die häufig als *Kleinia tomentosa* verkauft wird. Die Pflanze wächst aufrecht, doch wenn sie nicht viel Licht bekommt, was in Europa in den meisten Wintermonaten der Fall ist, lässt die Triebstärke nach. In Kultur blüht sie selten, wenn aber doch, dann zeigen die Blüten ein kräftiges Gelb.

● **Stomatium** (Mittagsblumengewächse, Aizoaceae)
Diese Gattung kommt aus Südafrika, genauer gesagt aus der Provinz Free State bzw. aus der Kap-Provinz. Die Gattung ist eng mit *Faucaria* verwandt, bleibt aber im Allgemeinen kleiner und öffnet ihre Blüten nur nachts, wohingegen die Blüten der *Faucaria* sich tagsüber zeigen. Die Art blüht gelb oder weiß. Interessanterweise ziehen die beiden Blütenfarben-Gruppen unterschiedliche Insekten zur Bestäubung an, da sie ganz unterschiedlich riechen: Die gelb blühenden Stomatien duften zitronig, während der Duft der weiß blühenden an Bananen erinnert.

Sie wachsen im offenen Gelände, auch wenn sie sich mitunter an einen Stein anlehnen. Im Allgemeinen aber haben sie es am natürlichen Standort sehr heiß. Trotzdem lässt sich *Stomatium* leicht kultivieren und ist nicht sehr pflegeaufwändig. Nur ein guter Wasserabzug ist vonnöten, sonst werden die Pflanzen zu weich. Jede Pflanze besteht aus mehreren Rosetten von paarig angeordneten, gegeneinander versetzten Blättern. Die Blattränder zeigen weiße

Oben: *Titanopsis calcarea* ist meist ohne Probleme im Handel zu finden.

Warzenhöcker oder Tuberkel. Die weiß blühenden Arten sind eher blaugrün in der Körperfarbe, während die gelb blühenden eher grüne Blätter zeigen.

Empfehlenswerte gelb blühende Arten sind: *Stomatium agninum* (keine Warzenhöcker), *S. geoffreyi*, *S. integrum* (keine Warzenhöcker), *S. jamesii*, *S. loganii* und *S. pyrodorum* (eine nach Birnen duftende Art).

Die schönsten weiß blühenden Arten sind unserer Ansicht nach: *S. alboroseum*, *S. meyerii* und *S. niveum*. Häufig zeigen die weiß blühenden Arten einen pinkfarbenen Hauch auf den Petalenspitzen, der jedoch nur erscheint, wenn es ausreichend kalt ist. Die weißen Stomatium-Arten blühen nämlich im Spätherbst, mitunter auch im zeitigen Frühjahr.

Gewöhnlich wird *Stomatium* aus Samen vermehrt, auch Stecklinge können gezogen werden.

● **Titanopsis** (Mittagsblumengewächse, Aizoaceae)
Diese hübschen kleinen Pflanzen kommen aus dem südlichen Namibia sowie aus der westlichen und zentralen Kap-Provinz Südafrikas. Die kleine Gattung ist stark an die Bedingungen am natürlichen Standort angepasst und stellt daher auch in Kultur gewisse Anforderungen. Sie brauchen ein mit Kalkstein vermischtes Substrat mit exzellenter Drainagefähigkeit. Diese Pflanzen sollten Sie keinesfalls im Plastiktopf ziehen, denn nur in Tontöpfen trocknet die Erde nach dem Gießen schnell genug ab. Außerdem brauchen die kleinen Schmuckstücke ausgesprochen viel Licht, auch im Winter. Sie sollten sie außerdem nicht zu häufig umsetzen.

Die im Handel erhältlichen Arten sind: *Titanopsis calcarea*, *T. fullerii*, *T. hugo-schlechterii*, *T. primosii* und *T. schwantesii*. Ihre Blätter zeigen allesamt mehr oder weniger Warzenhöcker, die unterschiedlich verteilt sein können. Manche Arten tragen sie nur am Blattrand, andere an der Blattoberseite. Die einzelne Pflanze besteht aus mehreren Rosetten von gegeneinander versetzten Blattpaaren. Die Blattfarbe ist Blaugrün mit einem rosa Hauch, die Warzenhöcker sind weiß. Meist haben die Arten verdickte Wurzelstöcke, die eine hervorragende Drainage brauchen, um nicht zu faulen. Die Arten, deren Blüten sich am Nachmittag öffnen, blühen in der Regel gelb. Nur *T. hugo-schlechterii* bildet hier eine Ausnahme. Die rötlich-braunen Blätter schmücken sich mit rosig orangefarbenen Blüten. Leider ist diese Art auch die am schwierigsten zu kultivierende. Ihre Wachstumsphase zieht sich in unseren Breitengraden vom Spätsommer bis zur Wintermitte hin. Steht die Pflanze an einem Standort mit hoher Luftfeuchtigkeit, sollte sie erst gegossen werden, wenn diese sinkt.

Titanopsis wird gewöhnlich aus Samen vermehrt. Die Pflanzen erreichen im Topf nur selten eine Höhe von mehr als 12,5 cm.

● **Trichodiadema** (Mittagsblumengewächse, Aizoaceae)
Die Gattung *Trichodiadema* ist besonders für Einsteiger geeignet. Leider werden die Arten von den Spezialisten häufig vernachlässigt, vielleicht, weil sie überall erhältlich sind und die Leidenschaft des Sammlers und Jägers nicht befriedigen. Die etwa 30 Arten erfreuen sich einer weiten Verbreitung. In der freien Natur findet man sie im südlichen Namibia sowie in der westlichen und südlichen Kap-Provinz Südafrikas. Ein paar Arten wachsen auch in der südafrikanischen Provinz *Free State*. Die eher kleinwüchsigen Pflanzen tragen auf der Blattspitze eine weiße Stachelkrone, das „Diadem", das bereits im Namen vorkommt. („Tricho" bedeutet übrigens „Haar".)

Die zweifellos schönste Art ist *Trichodiadema bulbosum*, deren dicker Wurzelstock manchmal auch im Topf über der Erde erscheint, vor allem, wenn die Pflanze flach in einer Schale steht. Wenn der Neuaustrieb zu weich ist oder gar hängend wächst, können Sie die Pflanze ruhig beschneiden. Lassen Sie jedoch Vorsicht walten, denn die schönen, purpurfarbenen Blüten erscheinen an den diesjährigen Trieben, sodass Sie die Pflanze nach Möglichkeit erst nach der Blüte beschneiden sollten.

T. densum ist eine Pflanze, die wir schon recht bald in unsere Sammlung eingereiht haben. Wir mussten sie kürzlich nachkaufen. Sie bringt einen dichten Wust an kurzen grünen Blättern hervor, deren Kronen sich beinahe berühren. *T. densum* blüht bereitwillig.

T. stellatum wächst niedrig und rasenartig. Daher bringt sie im Herbst auch eine unglaubliche Fülle zart purpurfarbener Blüten hervor. Wenn sie nicht gerade in der Wachstumsphase ist, sieht sie so trocken aus, dass man sie für abgestorben halten könnte, doch ein ordentlicher Guss gegen Sommerende haucht der Pflanze wieder Leben ein.

Nicht alle Trichodiadema-Arten zeigen purpur- oder pinkfarbene Blüten. Einige, wie *T. mirabile*, blühen weiß.

Trichodiadema wird aus Samen oder Setzlingen vermehrt, wenn sie nicht einjährig wächst. Da es sehr viele Trichodiadema-Liebhaber gibt, findet man im Internet jederzeit Informationen über einzelne Pflanzen.

● **Tylecodon** (Dickblattgewächse, Crassulaceae) Bis 1978 rechnete man diese Sukkulentengattung zur Gattung *Cotyledon*. Man muss nicht unbedingt Spezialist für Anagramme sein, um zu merken, dass der Gattungsname aus „Cotyledon" abgeleitet ist. Man gruppierte die Tylecodon-Arten extra, weil *Cotyledon* kaum je wirklich alle Blätter abwirft, sondern immer ein paar zurückbehält, um der Pflanze durch harte Zeiten zu helfen. *Tylecodon* hingegen hat einen extrem verdickten Stamm, in dem die Pflanze Nährstoffe speichern kann. Daher kann Tylecodon es sich quasi „leisten", alle Blätter abzuwerfen. Tylecodon trägt Blätter nur dann, wenn die Umweltbedingungen stimmen, also zur Regenzeit. In der Trockenzeit hingegen wirft die Art ihre Blätter ab, um nicht zusätzlich Feuchtigkeit zu verlieren.

Die Gattung umfasst etwa 30 Arten und kommt aus Gegenden, in denen es winterliche Regenfälle gibt: die westliche Kap-Provinz Südafrikas und Namibia. In unseren Breitengraden blühen und wachsen die Pflanzen im Winter, wobei Sie eine Standort-Temperatur von 5° Celsius nicht unterschreiten sollten. Außerdem sollte das Substrat gut abtrocknen können. Im Allgemeinen allerdings ist *Tylecodon* nicht sehr empfindlich.

Einige der Arten bleiben recht klein: *Tylecodon schaeferianus* erreicht nur etwa 15 cm Höhe, während andere wie *T. paniculatus* in der freien Natur bis zu 1,5 m heranwachsen. Achten Sie beim Kauf also genau darauf, zu welcher Art Sie greifen, muss sie doch zu Ihren Standortbedingungen passen.

Auch *T. buchholzianus* gehört zu den kleinwüchsigeren Arten. Die Pflanze wächst langsam und bildet mehrere Stämme aus, die dann in der blattlosen Ruhephase aussehen wie eine kleine Gruppe brauner Korallen. *T. schaeferianus* (auch *T. sinus-alexandrii* genannt) wächst niedrig und blüht in Weiß bzw. Rosa. Die kleinen, rundlichen Blätter sitzen leider recht locker.

Zu den größeren, baumförmig wachsenden Arten gehören: *T. cacalioides* von etwa 1 m Höhe, *T. paniculatus* (1,5 m Höhe und 0,6 m im Durchmesser), *T. reticulatus* (bis zu 1,75 m Höhe; blüht sie, sieht die Art aus, als sei sie von Stacheldraht gekrönt) und *T. wallichii* (etwa 1 m Höhe).

● **Yucca** (Agavengewächse, Agavaceae) Yuccas kommen wie die Agaven vom amerikanischen Kontinent. Sie können recht klein bleiben (bei der *Yucca endlichiana* sprießen die Blätter direkt aus der Wurzel hervor und erreichen höchstens 30 cm Höhe), sie können aber auch zu stattlicher Größe heranwachsen wie bei der *Y. brevifolia* (dem Joshua-Baum), der im Alter etwa 7,5 m Höhe erreicht und auch einen ansehnlichen Stamm entwickelt. Keine der beiden Arten gedeiht in unseren Breiten im Garten, weil sie mit der winterlichen Bodennässe nicht zurechtkommen.

Y. elata wird häufig als Zimmerpflanze angeboten. Man verkauft sie mit einem kurzen Stück des Stammes. Der Stamm einer *Y. elata* schlägt fast immer Wurzeln, denn die Pflanze zeigt einen unglaublichen Überlebenswillen.

Als Zimmerpflanze wächst sie meist recht schnell über die gewünschten Maße hinaus. Im Alter wird sie immer größer, bis es schwierig wird, einen passenden Topf für sie zu finden. Außerdem macht das Höhenwachstum es früher oder später unmöglich, sie in einem normalen Raum zu kultivieren. Irgendwann werden die Pflanzen dann im Winter nach draußen abgeschoben, wo sie absterben.

Die in Gärten am häufigsten anzutreffenden Arten sind zweifellos *Y. gloriosa*, *Y. flaccida* und *Y. filamentosa*. Die ersten beiden formen mehrstämmige Büsche und bilden nach der Blüte Ableger. *Y. gloriosa* treibt aus dem Rhizom aus. Im Allgemeinen sind Yuccas nicht so wählerisch, was den Boden angeht, doch *Y. gloriosa* scheut Staunässe und braucht daher eine gute Drainage. Sie neigt dazu, an der Basis zu faulen, wenn sie zu nass steht. Achten Sie darauf, dass abgeworfene Blätter nicht an der Basis liegen bleiben. *Y. filamentosa* gibt es mit einfarbig grünen Blättern oder in verschiedenen variegaten Formen mit herrlichem Farbspiel. Alle drei Arten gedeihen in Gegenden mit mildem Wetter, vor allem, wenn sie in kalkhaltiger Erde stehen.

Vermutlich weisen noch viel mehr Yucca-Arten eine gewisse Winterhärte auf, doch im Normalfall sind diese in den Gärtnereien nicht erhältlich. Vielleicht macht sich irgendwann einmal ein engagierter Gärtner daran, mit anderen als den bekannten Formen zu experimentieren. Dies wäre vor allem angesichts der globalen Erwärmung, die uns in den nächsten Jahren immer mehr milde Winter und trockenere Sommer bescheren wird, ein lohnendes Unterfangen.

Im Gewächshaus oder im Wintergarten gedeihen folgende Arten gut: *Y. glauca*, *Y. endlichiana*, *Y. carnerosana*, *Y. whipplei*, *Y. harrimania* und *Y. baccata*. *Y. glauca* und *Y. whipplei* sollten sich als einigermaßen winterfest erweisen. Wenn Sie die Pflanzen aus Samen ziehen, können Sie ja mit verschiedenen Setzlingen experimentieren. Alle Yuccas schätzen es, den Sommer draußen im Garten bzw. auf dem Balkon zu verbringen.

Alle Yucca-Arten blühen, wenn auch nicht jedes Jahr. Die Blüten zeigen sich gewöhnlich cremeweiß mit rosafarbener Schattierung. Sie stehen auf einem langen Blütenstiel und sehen aus wie hängende Glöckchen. Nur bei einigen Arten stehen die Blüten aufrecht am Stiel. Sie enthalten sehr viel Nektar, der beim Öffnen der Blüten Läuse anzieht, die wiederum Ameisen anlocken.

Eine Warnung zu den Blättern dieser Pflanze: Die Arten haben sehr harte Blätter mit einer nadelfeinen Spitze am Ende. Wo immer Sie sie auch aufstellen, achten Sie darauf, dass man sich in den Blättern nicht verfängt, denn dies führt leicht zu unangenehmen Verletzungen.

Oben: *Yucca filamentosa* **in ihrer zweifarbigen Form gehört zu den beliebtesten Gartensorten.**

Zubehör, Glossar und nützliche Adressen

Was brauche ich?

Ausrüstung

Das richtige Handwerkszeug erleichtert ja bekanntlich vieles:

Messer

Eine Garnitur scharfer, sauberer Messer dient zum Abnehmen von Stecklingen.

Schildchen und Stifte

Beschriften Sie Ihre Pflanzen mit einem lichtechten und wasserfesten Stift, damit Sie die Pflanzennamen auch noch in ein paar Jahren lesen können.

Thermometer

Erlaubt Ihnen Höchst- und Mindesttemperatur abzulesen, was bei der Sukkulentengärtnerei wichtig ist.

Sprühflasche

Ist vor allem zum Ausbringen von Insektiziden und Fungiziden wichtig. Aber auch zum Abkühlen an heißen Tagen wirken Sprühnebel aus Wasser Wunder.

Kork- oder Schaumstoffstückchen

Eines der schwierigsten Probleme im Umgang mit Kakteen sind die Dornen. „Entschärfen" Sie diese mit Kork oder Schaumstoff, bevor Sie umtopfen.

Stützstäbe

Vor allem hohe Pflanzen müssen manchmal gesichert werden, besonders wenn Sie sie transportieren wollen. Einige Kakteen knicken sonst einfach um.

Bindeband

Viele sukkulente Ranker können aufgebunden werden. Achten Sie darauf, dass das Bindeband weich und beschichtet ist.

Kakteenzange

Große Kakteenzangen sind sehr nützlich, wenn Sie eine Pflanze aus dem Topf nehmen wollen, ohne sich weh zu tun. Sie sind in jeder Größe im Fachhandel erhältlich.

Pinzetten

Sollten Sie immer zur Hand haben, um Dornen aus der Haut zu entfernen.

Gießkanne

Besorgen Sie eine Kanne mit langem Rohr, damit Sie genau an der Basis gießen können und das Wasser nicht über die Blätter gießen. Ein feiner Brausekopf ist ebenfalls sinnvoll. Je kleiner die Kanne ist, umso besser können Sie das Wasser dosieren.

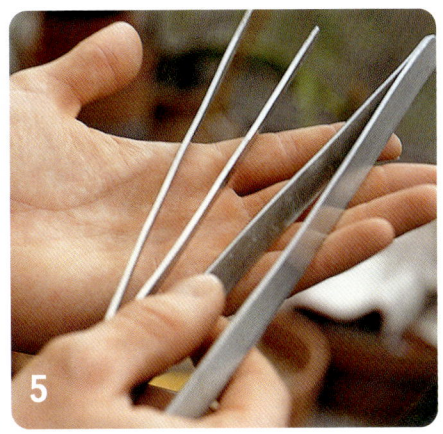

1 Feine Gartenschere mit dünnem Blatt zum
Schneiden von Setzlingen

2 Gartenschere für Beschneidearbeiten und
gröbere Arbeiten

3 Pikierstab zum Pikieren von Setzlingen

4 Abfüllvorrichtung aus Plastik zum Ausbringen
einer schützenden Oberflächenschicht aus Kies

5 Kakteenzangen

Glossar

Adventiv

Von adventivem Wachstum spricht man, wenn Pflanzenteile an einer Stelle erscheinen, an der man sie nicht erwartet, z. B. Wurzeln am Stamm oder Brutpflanzen auf einem Blatt.

Areole

Das kleine Kissen, das die Dornen trägt und fast immer mit feinen Haaren besetzt ist, ist für Kakteen charakteristisch. Die Areolen sind stark gestauchte Seitentriebe.

Art

Zu einer Art fasst man Pflanzen zusammen, die sich in ihren wesentlichen Eigenschaften ähneln und auf natürliche Weise miteinander Nachkommen bilden.

Blattachsel

nennt man den Blattansatz, also die Stelle zwischen Blatt und Stamm, an der das Blatt entspringt.

Blütenstand (Infloreszenz)

Als Blütenstand bezeichnet man eine Ansammlung von Blüten an einer Pflanze, wobei dies auf sehr unterschiedliche Weise geschehen kann. Bei der einfachen Infloreszenz sitzen die Blüten direkt oder auf einem Stiel auf der Hauptachse. Sie kann die Form von Einzelblüten, aber auch von Dolden- oder Korbblüten annehmen. Bei der zusammengesetzten Infloreszenz hingegen wird die Blüte durch eine weitere Ebene der gleichen Ausprägung ersetzt. Dann kommt es zur Doppeltraube, Doppeldolde, usw.

Brakteen

Brakteen sind Hochblätter und als solche normale Blätter, die in ihrer Mitte eine Einzelblüte oder einen Blütenstand tragen. Die Hochblätter unterscheiden sich von den normalen Blättern häufig durch eine attraktive Färbung.

Cephalium

Bei einigen Kakteenarten bildet sich nach Abschluss des Triebwachstums an der Triebspitze ein Gebilde aus Haaren und Dornen, aus dem sich die Blüte entwickelt.

Chlorose

Chlorose ist eine Pflanzenkrankheit, die aus einem Mangel an Chlorophyll entsteht. Sie zeigt sich an einer anormalen Gelbfärbung der Blätter und signalisiert meist Mineralstoffmangel, z. B. Mangel an Eisen oder Bor.

Cristaten

Kakteen, deren Wachstum nicht von einem Wachstumspunkt ausgeht, sondern von einer ganzen Reihe solcher Punkte. Dadurch kommt es zu fächerartigen, manchmal auch gebänderten Verformungen an der Triebspitze.

Dornen

Der Volksmund spricht bei Kakteen zwar von „Stacheln", doch die pieksenden Gebilde sind in Wirklichkeit echte Dornen. Dornen sind umgewandelte Pflanzenorgane, bei den Kakteen handelt es sich um umgewandelte Blätter. Stacheln hingegen werden von der Rinde ausgebildet und sind mit dem Haupttrieb daher nicht verbunden. Rosen tragen Stacheln.

Drainage

Wasserabzug. Gerade bei jenen Sukkulentenarten, die aus trockenen Gegenden kommen, ist es von entscheidender Bedeutung, bei der Pflanzerde auf guten Wasserabzug zu achten, da die Wurzeln sonst zu Fäulnis neigen.

Epiphyten

Epiphyten sind Pflanzen, die auf einer anderen Pflanze leben, ohne sich jedoch in deren Nährstoffkreislauf einzuschalten. Es handelt sich also nicht um Schmarotzerpflanzen.

Fotosynthese

Ein physiologischer Prozess, der von allen grünen Pflanzen durchgeführt wird. Mithilfe von

Sonnenenergie (Licht) werden Kohlendioxid und Wasser in Zucker verwandelt, die der Pflanze als Nährstoffe dienen. Daran entscheidend beteiligt ist das Chlorophyll, also der grüne Blattfarbstoff.

Gattung
Gruppe von Pflanzen, in der mehrere nah verwandte Arten zusammengefasst sind

Gezähnt
Ein gezähnter Blattrand ähnelt dem Blatt einer Säge.

Glochiden
Glochiden sind sehr feine Dornen mit mikroskopisch kleinen Widerhaken, an denen man leicht hängen bleibt. Sie sind typisch für die Gattung der Opuntien.

Hybridformen
Hybriden sind durch Kreuzung zweier verschiedener Pflanzenarten entstandene Formen. Es kann Naturhybriden ebenso geben wie Zuchthybriden.

Hydrokultur
Die Kultivierung von Pflanzen in einer Nährlösung statt in Erde.

Lanzettlich
Die Blätter haben die Form einer Lanze.

Leitbündel
Ein Bündel verlängerter Zellen, welche für den Transport von Wasser und Nährstoffen im Inneren der Pflanze verantwortlich sind. Beim Pfropfen müssen die Leitbündelringe der beiden

Echinocereus var. rubrispinus

verbundenen Pflanzen in Übereinstimmung gebracht werden, damit sie problemlos zusammenwachsen können.

Linealisch
Die Blätter haben die Form eines Lineals.

Mamille
Warzenartige Erhebung mit dornentragender Areole an der Spitze

Mitteldornen
Sie stehen in der Mitte der Areole und sind meist ein wenig länger als die Randdornen. Da sie häufig auch anders gefärbt sind, ist dies ein wichtiges Merkmal bei der Artenbestimmung.

Monokarpisch
Die Pflanze stirbt nach der Blüte und Ausbildung der Samen ab, wobei häufig auch nur die Blüten tragenden Pflanzenteile betroffen sind.

Monströs
Zu so genanntem „monströsem Wachstum" kommt es, wenn der Wachstumspunkt an der Triebspitze sich mehrfach teilt. Dadurch werden für die Art atypische Wuchsformen gebildet, die ein beliebtes Sammlerobjekt darstellen.

Petalen
Die Kronblätter der Blüte bilden in ihrer Gesamtheit die Blütenkrone.

Pikieren
Als Pikieren bezeichnet man das Verpflanzen zu dicht stehender Sämlinge im Gartenbau, sobald die Pflanze ihr erstes Blattpaar ausgebildet hat.

Pseudocephalium
Auch hier handelt es sich um ein Gebilde aus Haaren und Dornen an der Triebspitze. Beim Pseudocephalium aber endet das Triebwachstum nicht an dieser Stelle, sondern geht weiter.

Randdornen
unterscheiden sich nicht grundsätzlich von den Mitteldornen und stehen am Rand der Areole. Meist sind sie schwächer ausgeprägt und anders gefärbt als die Mitteldornen.

Rippen
Viele Kakteen zeigen eine typische Rippenstruktur. Die Rippen verlaufen meist in senkrechter Richtung mehr oder weniger ausgeprägt.

Sukkulenz
Die Fähigkeit einer Pflanze, große Mengen von Wasser zu speichern. Pflanzen können mehr oder weniger sukkulent sein und haben verschiedene Möglichkeiten der Speicherung ausgebildet: in den Blättern, in den Wurzeln, im Haupttrieb.

Varietät
Um Varietäten handelt es sich, wenn die wesentlichen Merkmale jenen der Art gleichen, es bei unwesentlichen Merkmalen wie zum Beispiel Farbgebung zu Abweichungen kommt.

Variegate Formen
Variegate Formen sind zweifarbige Varietäten einer Pflanze.

Warzenhöcker
Viele Kakteen tragen Warzen, was die Oberfläche der Pflanze noch vergrößert. Je nach Form und Ausbildung tragen sie viel zum charakteristischen Aussehen einer Art bei.

Xerophyten
Als Xerophyten bezeichnet man Pflanzen, die sich an ihnen ursprünglich nicht zusagende Umweltbedingungen angepasst haben. Dazu gehören auch die Sukkulenten und mit ihnen die Kakteen, die sich extremer Trockenheit durch Entwicklung von wasserspeicherndem Gewebe angepasst haben.

Nützliche Adressen

Kakteengesellschaften mit Zeitschriften und regelmäßigem Austausch:

Deutsche Kakteengesellschaft e. V.
Geschäftsstelle
Oos-Str. 18
75179 Pforzheim
www.kakteengesellschaft.de

Gesellschaft österreichischer Kakteenfreunde
Wienerstr. 28
A-8720 Knittelfeld
www.cactus.at

Schweizerische Kakteengesellschaft
Eichstr. 29
CH-5432 Neuenhof
www.kakteen.org

Diese Gesellschaften versenden eine von den Mitgliedern erstellte Zeitschrift. Sie organisieren Ausstellungen und Treffen von Kakteenfreunden. Auch Samentauschaktionen werden regelmäßig initiiert. Außerdem erfahren Sie dort:

• wo sich Kakteenfreunde zu Ortsgruppen organisiert haben,
• wo Sie Auskünfte über Ihr Hobby einholen können,
• wo Sie besondere Fachliteratur finden,
• wo Sie Sammlungen besichtigen können,
• wie Sie Mitglied werden können und welche Einrichtungen Ihnen dann zur Verfügung stehen.

Kakteengärtnereien mit Pflanzenversand, Zubehör und informativer Website:

Andreae Kakteenkulturen
Höhenring 6
97896 Freudenberg-Ebenheid
www.kaktusmichel.de

Kakteen Haage
Blumenstr. 68
99092 Erfurt
(älteste Kakteengärtnerei Europas)
www.kakteen-haage.com

Kakteen Piltz
Monschauer Landstr. 162
52355 Düren
www.kakteen-piltz.de

Kakteen Schwarz
An der Bergleite 5
90455 Nürnberg
www.kakteen-schwarz.de

Kleinere Spezialversender:

Sukkulenten-Spezialkulturen Franz Eret
Dipl.-Ing. Alexandra Küppers
Breite Str. 29
31185 Bettrum
www.eret.de

Blattkakteen
Rudolstädter Str. 1
07407 Remda-Teichel
www.blattkakteen.de

Cono's Paradise
Dorfstr. 10
56729 Nettehöfe
www.conos-paradise.de

Register

Register 147

Bildnachweis:
Octopus Publishing Group Ltd
Fotos Peter Myers, außer
Jerry Harpur: 67 unten, 67 oben rechts, 74, 76, 77, 83, 84, 88;
James Young: 10–11, 21, 81 unten links, 81 oben rechts, 92–93, 99 oben rechts, 139;
Tony Mace: 13, 19 unten links, 20 unten links, 22–23, 41, 55, 66, 73, 106